LE LIVRE

DU

NOUVEAU MONDE MORAL.

LE LIVRE

DU

NOUVEAU MONDE MORAL

CONTENANT LE

SYSTÈME SOCIAL RATIONNEL

BASÉ SUR LES LOIS

DE LA

NATURE HUMAINE

PAR

ROBERT OWEN

ABRÉGÉ ET TRADUIT DE L'ANGLAIS

PAR

[illegible]. W. THORNTON.

PARIS
PAULIN, ÉDITEUR,
Rue Richelieu, 60.
1847.

« La vérité sans mystère, mélange d'erreur, ni crainte de l'homme, peut seule affranchir le genre humain du vice et de la souffrance. »

R. OWEN.

« On a cru pouvoir détruire la servitude politique en laissant subsister la servitude religieuse; et la première renaît nécessairement de l'autre... Là où le Prêtre peut dire à un peuple entier : *Donne-moi ton esprit sans examen*, le Prince, par une logique infaillible, redit aussitôt : *Donne-moi ta liberté sans contrôle.* »

E. QUINET.

NOTICE

SUR LA VIE ET LES TRAVAUX

DE

ROBERT OWEN.

Robert Owen naquit en 1771, à *Newtown-Montgomery*, en Angleterre. Ses parents étaient pauvres et ne purent lui donner que peu d'éducation. Son génie, une organisation excellente, et les circonstances favorables dans lesquelles il s'est trouvé l'ont rendu un des hommes les plus remarquables. A l'âge de dix ans il fut placé dans le commerce à Londres, puis dans d'autres villes où il acquit de grandes connaissances pratiques dans les manufactures et la mécanique. Il s'établit à Manchester dans la fabrication de machines et la filature de coton, dont il fila le premier ballot importé d'Amérique. S'étant fait remarquer par son talent, son activité et sa probité, il fut nommé directeur de plusieurs établissements. Vers 1798, il s'associa avec d'autres pour acheter une fabrique très considérable située à *New-Lanark*, en Ecosse, et fondée par M. Dale, beau-père de Robert Owen, qui en prit la direction. Il la trouva en très mauvais état, avec une population abrutie par l'ignorance et tous les vices. C'est alors qu'Owen exécuta en grand ses idées sur la formation du caractère et le gouvernement des hommes. En moins de quatre ans il avait produit une réforme complète dans l'état de cette colonie industrielle. Sans avoir recours à la contrainte ou la punition, par l'influence de sa nature bienveillante mais ferme, par son talent pour combiner les circonstances propres à réformer ses administrés, et par sa grande sollicitude pour leur bien-être, il réussit à élever la prospérité de la population et de la fabrique au plus haut point; pendant seize ans, pas une seule peine légale ne fut prononcée contre un des habitants de *New-Lanark*, qui en comptait de 2,000 à 3,000. Le travail était de dix heures par jour. Les enfants n'entraient pas dans la fabrique avant l'âge de dix ans ; ils passaient leur temps dans les écoles et dans des occupations et exercices propres à former un bon caractère, et un esprit sain dans un corps sain. L'école de New-Lanark, remarquable à tous les égards, donna l'exemple des salles-d'asile (*infant schools*).

La manufacture était non seulement une source de bien-être pour les ouvriers, elle fut également profitable aux associés. C'est là qu'Owen recueillit la fortune, estimée à un million de francs, qu'il dépensa plus tard pour propager ses idées. L'établissement était si bien dirigé, qu'il continua toujours ses travaux tandis que les autres étaient forcés de les suspendre et de renvoyer leurs employés. New-Lanark devint si célèbre, que pendant plusieurs années il fut visité par un nombre immense d'individus des plus hautes classes, et tous ceux qui en ont parlé s'accordent dans l'expression de leur étonnement et admiration de la merveilleuse réforme opérée par le directeur.

C'est en 1811 qu'Owen rédigea le premier ouvrage qui contient une exposition des idées sur le système social qui lui avaient servi de guide. Publié en 1812, sous le titre de *Nouvelles vues sur la Société*, et largement répandu, il lui attira l'attention du gouvernement et la sympathie des principaux personnages du royaume. Elevé dans la fabrication et l'emploi des machines, et dans l'intimité avec la population industrielle, il prévit bientôt les effets sur le sort des ouvriers, de cet énorme développement des forces productrices (qu'il estimait, il y a quelques années, égales à 800 millions d'hommes, pour l'Angleterre), et il prédit tout ce qui en est résulté. Il conclut la nécessité d'introduire des réformes radicales dans le système social. En 1818 il adressa des mémoires sur le bien-être des peuples aux gouvernements européens et aux souverains assemblés à Aix-la-

Chapelle; mais ils s'occupaient d'autre chose. Ses idées sur l'éducation furent bien accueillies, et adoptées en grande partie par la Hollande et la Prusse. Il parcourut ensuite la France et la Suisse, pour visiter les établissements d'éducation et les hommes célèbres, Cuvier, Pestalozzi, Fellenberg, etc. De retour en Angleterre, il continua à répandre ses idées par des assemblées publiques à Londres et dans les principales villes, par des publications et des discours innombrables, rapportés dans les journaux qu'il fit distribuer à ses frais en nombre immense. Il visita l'Irlande où il fut bien reçu, mais les idées socialistes n'ont pas fait de progrès dans ce pays qui en a tant besoin. Toute cette publicité lui gagna beaucoup de partisans, mais lui suscita un ennemi mortel, le clergé et le monde dévot. Il avait attaqué les religions, et il fut en conséquence assailli par les injures et les calomnies les plus atroces, de la part de ces aveugles et incharitables faux-chrétiens.

Il résolut de se rendre en Amérique. En 1824 il acheta le territoire d'une Communauté dirigée par M. Rapp (qui en fonda ailleurs une autre qui jouit d'une grande prospérité et d'une surabondance de richesses). Ayant expliqué ses vues et ses projets au gouvernement et au peuple américain, il ouvrit l'établissement nommé *New-Harmony*, qui fut bientôt occupé par une collection d'individus dépourvus des connaissances et sentiments nécessaires au succès d'une pareille entreprise. Le fondateur se montra trop confiant dans son système, et pas assez difficile dans le choix des membres. Cependant, avec le temps et la persévérance, il aurait probablement réussi, mais là encore il fut persécuté par son ennemi acharné, le fanatisme religieux, qui lui suscita mille obstacles et tracas, et finit par introduire la discorde. Les résultats, quoique favorables à certains égards, surtout pour l'éducation, ne l'étaient pas assez pour l'engager à s'y dévouer entièrement. Il quitta l'établissement, qu'il laissa, avec la plus grande partie de ce qui lui restait, aux soins de sa famille, dont l'aîné, M. Dale Owen, est depuis plusieurs années Député au Congrès américain. Les idées qu'il avait éveillées excitèrent plus tard à former d'autres communautés, dont quelques-unes sont en voie de progrès.

Pendant son absence, un de ses disciples, M. Ab. Combe, fonda une Communauté à *Orbiston*, près d'Edinburgh. Après bien des difficultés elle était dans un état assez florissant, lorsque le fondateur mourut, et la dissolution s'en suivit.

Dans un voyage qu'il fit en 1828, il alla au Mexique, dont le Président lui offrit un territoire considérable, qu'Owen accepta à la condition d'une entière liberté en matière de religion ; mais comme elle ne put lui être accordée, il y renonça et retourna en Angleterre. Il y continua sa propagande par la parole et la presse, et fonda la *Société Rationnelle* composée de ses disciples. L'école s'étendit, et finit par établir des branches dans plus de soixante villes. En 1840 Owen fut présenté à la Reine Victoria par le premier ministre, ce qui lui attira une attaque violente de la part d'un fanatique évêque d'Exeter, qui voulait prêcher une croisade contre les Owenistes, dont quelques-uns furent traduits devant les tribunaux, et condamnés à la prison et à l'amende ; mais leurs défenses donnèrent à leurs doctrines une publicité qui effraya les adversaires qui ont sagement renoncé à la persécution et refusent de discuter avec eux.

Vers 1839, les Socialistes, impatients de tenter une réalisation, ouvrirent une souscription pour fonder une Communauté nommée *Harmony-Hall*, non-loin de Southampton, dans un district agricole, très salubre, mais peu fertile et trop éloigné du centre de propagande, et où l'on ne pouvait établir de fabrique ni trouver de débouchés. Bientôt la direction en fut confiée à Owen qui résolut d'y former une Communauté sur une grande échelle, et prit sur bail de quatre-vingt-dix ans plusieurs fermes en mauvais état, d'une étendue de cinq cents hectares. On éleva un édifice magnifique qui couta plus de 300,000 francs, et on se mit à l'œuvre avec zèle. On dépensa beaucoup d'argent et de travail pour améliorer les terres, faire des jardins, des routes, des bâtiments ; on établit une machine à vapeur et une presse pour imprimer le journal *New-Moral-World*. Mais bientôt on ressentit l'imprudence d'avoir commencé sur une trop grande échelle ; on avait compté sur des contributions qui n'arrivèrent pas ; on fut forcé de s'adresser à des capitalistes qui firent des avances, mais qui prirent la direction, et voulurent introduire des distinctions de classes entre les membres ; la désunion et la discorde s'en suivirent. Ils furent remplacés par un gouvernement de travailleurs, mais il était trop tard ; il n'y avait plus d'union, ni le capital nécessaire pour exploiter avec succès un domaine aussi vaste ; et au dernier congrès, mai 1845, il fut résolu que l'établissement serait vendu et le produit distribué.

Owen était retourné aux États-Unis pour voir ses nombreux descendants, visiter quelques Communautés, et assister à une grande convention de Socialistes qui eut lieu à New-York. Il est revenu en Angleterre en 1846, toujours actif et plein de bienveillance pour ses semblables.

Ses disciples continuent de s'occuper de propagande et d'éducation, en répandant des lumières parmi la classe peu fortunée, et travaillent à la réforme sociale en exposant les vices du système actuel et les remèdes à y apporter.

Les longs travaux d'Owen en Angleterre et en Amérique ont produit des fruits ; ils ont donné une très grande impulsion à l'esprit d'association et coopération naturel à ces deux pays. Ses idées ont pénétré dans toutes les classes et sont reproduites, plus ou moins fidèlement, par une foule de publications. L'urgence et la possibilité d'améliorer le sort des classes laborieuses sont généralement reconnues ; les religionnaires commencent à montrer de la tolérance et, d'accord avec le gouvernement, à proclamer la nécessité d'une éducation nationale séparée de l'instruc- religieuse. Si, après tant d'efforts, le grand réformateur ne peut jouir du spectacle de la réforme sociale qu'il avait espéré produire en peu d'années, il pourra cependant dire adieu à l'existence, quand viendra son heure dernière, avec la juste conviction qu'il a employé tous ses moyens, son ample fortune et sa longue vie, dans des efforts continuels pour améliorer le sort de l'humanité, et que nul n'a plus fait pour établir parmi les hommes la fraternité, la charité et le bonheur. Ses adversaires et diffamateurs pourront-ils en dire autant?

Après cette courte esquisse d'une longue vie, si remplie de travaux qu'il faudrait un volume pour lui rendre justice, nous dirons quelques mots sur son Système et sur le Socialisme.

Robert Owen, comme tant d'autres dont le sentiment dominant fut le désir d'améliorer l'état social, a été traité de fou, de rêveur; comme Galilée, Colomb, Harvey, Fulton, etc. C'est l'histoire de l'Humanité : toujours des fous, qui ne sont pas les plus bêtes, car leurs *rêves* se réalisent tous les jours ; l'*impossible* d'hier est le *facile* d'aujourd'hui.

Owen, « ce réformateur sorti d'un atelier, et conduit de la pratique du travail à la perception d'une doctrine, » est un de ces Apôtres de la Perfectibilité qui ont pour mission de résoudre le grand problème des siècles, — de chercher la véritable Pierre Philosophale, en travaillant au Grand Œuvre de l'amélioration constante et progressive du sort de l'homme. « Nul, en effet, jusqu'ici, n'a manifesté sous un plus beau jour que lui, le don divin d'agir sur les caractères par la bonté unie à la raison ; nul n'a témoigné une volonté plus persistante et plus généreuse de poursuivre et d'accomplir le bien ; nul n'a étudié les faits avec plus de patience et gouverné les hommes avec plus de moralité... Si, à ce contingent d'idées et de faits, on ajoute une somme inappréciable de sacrifices personnels, on pourra se convaincre que nulle existence ne fut plus pleine, plus noble, plus méritante que celle de M. Owen. » (Reybaud, *Etudes sur les Réformateurs*).

Comme Bacon, c'est un *serviteur de la postérité*, un vrai Philosophe, — un homme complet : producteur actif, — aux larges sympathies, au cœur philanthropique, source des grandes pensées, — esprit exact et ferme. Il a préparé l'avenir, ayant beaucoup *travaillé*, *aimé* et *pensé*. Sa Foi est une croyance inébranlable à la perfectibilité de l'homme ; sa Religion consiste à en aider le progrès continuel par le développement de la Raison, par la recherche de toutes les Vérités ; sa Vertu est la pratique de la bienveillance qu'il prêche, avec le Devoir de contribuer au bonheur d'autrui et le Droit d'en jouir soi-même. Pour lui, Philosophie et Religion sont une même chose ; sa science de la Vie la regarde comme une continuelle Education depuis la naissance jusqu'à la mort, et dont le but est le Développement de toutes les Facultés et leur maintien dans un état parfait d'Harmonie et d'Equilibre, et le Perfectionnement de soi-même et de ses semblables. Sa Morale concilie *l'intérêt bien-entendu* de l'individu avec celui de la Société. Il dit avec Turgot : « Il ne suffit pas de dire à votre fils : Soyez vertueux ; mais faites-lui trouver du plaisir à l'être. » En résumé, sa Doctrine enseigne que le véritable intérêt de l'homme est *inséparablement* lié à son devoir et à l'intérêt de ses semblables, que son caractère est *principalement* formé par l'éducation et les circonstances dans lesquelles il se trouve placé, et que la cultivation de *l'intelligence* peut seule lui faire connaître sa véritable nature, et celle des mesures à prendre pour hâter l'avènement d'une moralité nouvelle et d'un bien-être nouveau.

Il a trouvé dans les religions le plus grand obstacle à l'examen et à l'adoption de sa doctrine, parce qu'il déclare que tant qu'on inculquera à l'homme non des idées naturelles, c'est-à-dire conformes aux faits et soumises au jugement de la raison, mais des idées surnaturelles, c'est-à-dire inintelligibles, — et tant qu'on fera consister la vertu dans une foi aveugle en certains dogmes et mystères contradictoires et incompréhensibles, qui rendent impossibles l'Union et la Charité universelles, et dans la supposition que la croyance ou l'incrédulité méritent et obtiendront des récompenses ou punitions éternelles, — l'homme restera toujours victime de l'Égoïsme et du Mal.

Tout cela, dit-on, est un rêve, c'est une de ces utopies composées de vieilles idées qui remontent au temps de Platon, de Confucius, de Pythagore, bien avant l'ère chrétienne. Oui, et même beaucoup plus avant ; car la maxime « *Agis envers les autres comme tu voudrais qu'ils agissent envers toi* » est aussi ancienne que l'homme, puisque c'est un sentiment inné. Le précepte « *Aime ton prochain comme toi-même* » est resté depuis longtemps à l'état d'*utopie*. Voilà justement ce que le Socialisme veut rendre possible et infailliblement praticable.

Mais, objecte-t-on, lisez l'histoire, voyez quel progrès immense l'homme a fait dans le savoir-faire et le savoir-vivre ! Quelle civilisation aujourd'hui ! C'est le cas de dire :

« D'abord il s'y prit mal, puis un peu mieux, puis bien ;
Enfin il n'y manqua rien. »

Nous n'en sommes pas encore là ; qu'on compare seulement

les dépenses pour les armées et marines, et les dépenses pour l'éducation. Sans doute il y a progrès ; raison de plus pour persévérer. Il y a encore beaucoup à faire ; la société n'a pas fini sa tâche ; quoiqu'en vieillissant elle ait acquis de l'expérience, il lui reste assez de choses à apprendre et à exécuter. Il faut du temps et du travail, mais il faut surtout que l'homme ait les coudées franches, — la liberté de la *pensée* avant tout ; car si la raison est ce qui distingue l'homme de la brute, la défense d'examiner et de raisonner est la plus abrutissante des tyrannies. La *Vérité* ne craint pas la lumière, elle n'en devient que plus brillante ; mais cela tue le *Faux*. Il faut aussi la liberté de la *parole* et de l'*action* ; celui qui en abuse en est indigne, car il appelle et justifie le despotisme. Mais pour travailler avec profit, il faut avoir un *but*, et s'entendre sur les moyens de l'atteindre.

Le Socialisme est le Système, la Religion qui doit relier ensemble les hommes et les peuples, en leur démontrant que leur intérêt bien-entendu consiste, non dans les *luttes*, mais dans l'*accord* et la *coopération*, chacun profitant des découvertes et travaux des autres.

La Science Sociale est la plus importante des sciences, car elle les embrasse et les résume toutes. Ses Principes Fondamentaux, qu'on ne peut déduire que de la nature même de l'homme, partent d'un petit nombre d'Observations, de Faits et de Raisonnements pour arriver à la Vérité, seul but et objet des recherches. Elle s'occupe de l'homme en société, — règle ses rapports, — dirige ses actions, — assure sa conservation et son bien-être, par la satisfaction de ses besoins, — enseigne sa moralité, — garantit ses droits et sa liberté, et la félicité et l'harmonie des peuples.

Le genre humain n'est plus dans l'enfance ; il ne doit et ne peut plus se livrer à l'Imagination, fille de l'Ignorance et mère féconde de l'Erreur, du Préjugé et de la Superstition ; elle l'a fait assez longtemps errer dans un labyrinthe de déceptions, à la lueur de feux-follets qui l'ont toujours fait tomber dans les fondrières de l'Absurdité et du Malheur. Perdre de vue le Réel pour faire des excursions fantastiques dans les régions de l'Idéal, c'est mettre à la voile pour un port éloigné, sans boussole ni gouvernail. C'est dans les sciences elles-mêmes qu'il faut chercher et démontrer les causes et les résultats des faits qu'elles ont pour objet d'expliquer, car leur donner des causes surnaturelles pour base, c'est faire intervenir une providence dans une démonstration mathématique, pour l'explication de choses naturelles ; c'est ne rien expliquer, mais consacrer le principe de l'erreur.

« Dans les pays avancés, l'homme est arrivé à la période Scientifique et Industrielle, dans laquelle il doit s'élever par une Science Positive substituée à l'Inexpérience et à l'Imagination. Il doit naître une nouvelle époque de morale, non plus Instinctive mais Raisonnée, dans laquelle le genre humain pourra se maintenir, parce qu'il s'y sera élevé lui-même par ses propres forces : les seules forces de la Raison, disséminant par degrés ses lumières, doivent suffire pour résoudre le problème du Perfectionnement et Progrès continus. » Une Philosophie, pour être utile à la majorité, doit être exacte mais facile à comprendre ; car le Peuple, qui en a besoin, n'est pas métaphysicien, ni habile à s'escrimer avec le *fini* et l'*infini*, — le *moi* et le *non-moi*.

Le système d'OWEN n'a jamais été réfuté, que nous sachions, ni même sérieusement critiqué. Que ceux qui veulent le connaître l'examinent attentivement, ce qui n'a pas été fait, il nous semble, par l'auteur des ***Etudes sur les Réformateurs***, M. L. Reybaud, qui dit beaucoup de bien de l'homme et beaucoup de mal de sa doctrine. Il l'accuse de « vouloir abolir le mariage, la famille, la propriété, » et de concevoir « une société sans croyance, sans religion, sans devoirs, sans droits. » Ces assertions nous paraissent très étranges mais peu fondées. OWEN n'a jamais proposé d'abolir le mariage, mais il permettrait le divorce dans certains cas. La propriété personnelle, avec droit d'user et d'abuser, serait abolie, quand la possession pourrait être étendue à tous. Il est vrai qu'il veut élargir la famille, de manière à embrasser le genre humain, mais « c'est le Christianisme entier, son principe, son but. » En commun avec tous les Communistes, il est accusé de vouloir réduire l'homme à l'état de brute, de machine, d'automate ; d'en faire l'esclave de la fatalité, le jouet du hasard, n'ayant plus qu'à se croiser les bras. C'est vraiment s'alarmer sans cause, car nous pouvons certifier que les Owenistes ne sont ni brutes ni automates, mais au contraire, pour le moins autant en possession de toutes leurs facultés et aussi actifs pour le bien, que ceux qui croient que la Providence doit leur envoyer tout ce qu'il leur plaît de demander. OWEN ne dit pas que l'homme est *l'esclave* des circonstances, mais qu'il en est la *créature* aussi bien que le *créateur*; pour lui il n'y a point de *hasard*, mais des *causes* et des *effets*.

Quant au titre de Système Rationnel (l'opposé de *Passionnel*), ses partisans n'ont pas la prétention d'être plus rationnels que beaucoup d'autres, mais ils veulent marquer l'importance qu'ils attachent à le devenir autant que possible. Ce Système, fondé sur la cultivation de l'Intelligence, la suprématie de la Raison, qui prêche la Bienveillance et la Douceur et dénonce la Violence, est désigné comme « une combinaison où Abraham est fort étonné de se trouver en contact avec Babeuf » : c'est-à-dire une combinaison de *l'ignorance patriarcale* avec la *révolution armée*. Vraiment, le plus étonné est celui qui lit de pareilles assertions de la part d'un homme de cœur et d'esprit. Nous nous plaisons à croire qu'il n'a pas exprimé sa véritable pensée, et nous reconnaissons qu'il a rendu un véritable service au Socialisme, en faisant connaître des idées qui, si elles sont vraies, ne peuvent que gagner par la publicité et l'examen.

Les adversaires de la Doctrine Egalitaire qu'ont-ils à proposer ? La Richesse et le Talent prennent la part du lion ; le peu qui reste est celle du Travail qui, sans présent et sans avenir, doit se contenter du minimum suffisant, non pour *vivre*, mais pour *végéter*, et qui ne lui est même pas garanti, excepté dans un ou deux pays. Et les malheureux qui n'ont ni talent ni pouvoir de travailler? Ils doivent, sans doute, se contenter de l'aumône, qu'on leur fera pour mériter les récompenses éternelles. C'est un très joli système !

On objecte à la formule communiste de la participation à la consommation selon les besoins et au travail selon les capacités, « qu'il n'est pas juste que ceux qui produisent moins participent également. » Comment, alors, peut-on justifier l'état social actuel, où ceux qui produisent le plus participent le moins, et où les plus grands consommateurs ne produisent rien du tout ? Est-ce équitable, raisonnable ?

Ces doctrines sont absurdes, dit-on, mais leurs conséquences sont dangereuses, terribles. Contradiction ; dangereuses, pour qui, pour quoi ? Si les principes sont faux, démontrez-le ; mais s'ils sont vrais, il faut conformer votre système à la vérité, et non vouloir étouffer celle-ci pour maintenir l'erreur. — « Mais l'édifice de notre morale est fragile, il ne faut pas y toucher. » — Fragile, c'est possible ; le faux est très périssable ; mais tant pis pour votre masure ; si le souffle de la vérité l'ébranle, rebatissez plus solidement, car nul ne pourra l'empêcher de souffler. — « Mais votre système *détruit la responsabilité* de l'homme. » — Qu'entend-on par ce mot ? Ce n'est pas en prêchant la responsabilité, ni en punissant les *effets*, au lieu de détruire les *causes*, qu'on fera de l'homme un être rationnel et heureux. La responsabilité envers la société est un *fait* ; elle se protège contre les attaques par des châtiments. On parle beaucoup de cette responsabilité là, mais on ne dit rien de la responsabilité de la société envers l'individu. — « Mais il y a tant d'êtres ignorants et abrutis qu'il faut réprimer et punir. » C'est malheureusement vrai ; mais comment le sont-ils devenus ? La société a-t-elle fait tout ce qui est possible pour l'empêcher et y remédier ? Le pouvoir n'a-t-il pas, comme la propriété, le talent et la force, des *devoirs* aussi bien que des *droits*.

On affirme que la Liberté et l'Egalité existent déjà, autant qu'il est possible ; que les hommes sont libres aujourd'hui et que le Socialisme veut détruire la liberté. Nous croyons que c'est un malentendu, et que l'Egalité consiste dans la participation par tous, selon les besoins, à tout ce qui est nécessaire au bonheur, et dans l'exercice de toutes les fonctions suivant l'âge, les forces et les capacités. Nous croyons que la Liberté consiste, pour l'homme, dans le pouvoir de développer toutes ses facultés avec le moins d'obstacles possible, sans comprimer les autres ni en être comprimé, et de leur donner une direction favorable pour faire tout ce que permet sa nature et le bien-être d'autrui, et pour en obtenir tout le bonheur dont il peut jouir, en ne voulant que ce qui est possible et conforme à sa nature. Dans l'état actuel de la société ces choses n'existent pas, et elles ne pourront exister que dans le système de la Communauté. C'est un état à faire.

L'Egalité et la Liberté sont des mots vides de sens dans une société où il y a tant d'hommes vicieux et ignorants, esclaves de leurs passions et penchants, de leur imagination, de leurs besoins et de la crainte du besoin. La liberté n'est pas une quantité absolue, mais relative ; plus on a de savoir, d'intelligence, de force, de modération et de moyens de satisfaire ses besoins, plus on a de liberté. Il ne suffit pas de dire : « Vous êtes libres, » ou « vous avez le droit de l'être » ; il faut montrer comment on peut obtenir la liberté et apprendre à s'en servir sans se nuire à soi-même ni aux autres.

D'autres affirment que les hommes sont bons et que c'est le *milieu social* qui est mauvais. Qu'entend-on par *milieu*? Est-ce les Institutions, le Gouvernement? Les Institutions ne se font pas elle-mêmes, elles sont faites par les hommes, et elles contribuent, à leur tour, à former ceux-ci ; il y a action et réaction. Si on veut les perfectionner, il faut que les hommes aient le vouloir et le savoir nécessaires pour se perfectionner : c'est l'objet des plus justes désirs, des plus nobles espérances, — le but vers lequel les vrais philosophes invitent les individus et les peuples à se diriger, en unissant leurs efforts. Le Gouvernement fait partie de la société, — est la société même, — l'expression plus ou moins fidèle des idées et des habitudes qui y prédominent. Mais si nul ne veut sacrifier de son égoïsme, ne veut renoncer au moindre de ses droits légaux, comment veut-on que les gouvernements se montrent surhumains ? Il faut dépouiller le *vieil homme* soi-même, avant d'avoir le droit d'exiger que les autres le fassent.

L'Organisation du Travail est un sujet très à la mode aujourd'hui, et sur lequel on écrit des livres, ce qui n'est pas le plus difficile. L'Etat, c'est-à-dire le gouvernement, doit intervenir, dit-on, entre le capitaliste et l'ouvrier, pour protéger celui qui n'a rien contre celui qui a tout. Cela paraît juste et raisonnable, mais ce qui ne l'est pas, ni conséquent, c'est de représenter le gouvernement comme une clique d'hommes incapables, corrompus et corrupteurs, et, dans la même page, proposer de leur confier la direction et l'administration du travail et du capital national. L'intention peut être bonne, mais la logique est absente. Sans supposer les membres du gouvernement plus mauvais que les autres hommes, nous doutons fort qu'on en trouve beaucoup à qui il serait prudent de confier un pouvoir si énorme et dont ils pourraient facilement abuser. En tout cas, il faudrait des hommes parfaitement éclairés, désintéressés, fermes, et capables de résister à toutes les tentations. S'ils existaient, il faudrait les trouver et les mettre à la tête des affaires, ce qui suppose à la majorité de la nation le pouvoir et les lumières nécessaires ; toutes choses qui, nous le craignons, sont de pures suppositions. Il n'y a donc rien à faire ? Si vraiment, beaucoup ; mais il faut le temps. La Société est une masse qui ne peut pas avancer par sauts et par bonds, mais par un mouvement de transition lent et régulier. Il ne lui est point donné, pas plus qu'à l'intelligence, de franchir de suite de grands intervalles, car la raison ne se développe que successivement chez les peuples comme en l'homme. Les générations héritent les unes des autres, mais les vérités sont le fruit de l'expérience, dont le temps est un élément essentiel ; élément dont les réformateurs trop zélés ne tiennent pas compte, et voilà en quoi ils méritent le nom de visionnaires.

Il nous semble qu'avant d'arriver à l'Organisation du travail, il y a beaucoup de mesures préliminaires à établir, telles que *le droit au travail ou à la subsistance*, pour tout homme capable ou incapable de travailler ; *la liberté de la parole*, de la *croyance*, de la *presse*, de l'*association* et du *commerce* ; une *éducation générale*, ou culture physique et morale ayant pour objet les connaissances nécessaires à la Société, s'occupant moins du *passé* et d'avantage de l'*avenir* ; une *extension* du droit de *suffrage* électoral graduelle et proportionnée à la diffusion de l'instruction et du bien-être ; la réforme des *conscriptions militaires* qui épargnent le riche pour tomber sur le pauvre ; l'abaissement de la taxe des lettres, etc. Quelques socialistes ont le grand tort de dédaigner, comme peu importantes, de pareilles réformes, qui sont cependant les moyens indispensables pour arriver au but qu'ils se proposent, les pierres nécessaires pour construire l'édifice social.

Les pages suivantes contiennent une traduction très abrégée d'un ouvrage de plus de 500 pages in-8, dans lequel Owen développe les idées qu'il énonça en 1812, sous le titre de *Nouvelles vues.* Elles ont pour bases certains faits constants, d'où découlent les vérités morales dont le but est de diriger l'homme par la connaissance de lui-même, de ses penchants, sensations, sentiments et convictions. La simplicité de ces *faits fondamentaux* les a fait longtemps méconnaître ; la réflexion en démontre toute la fécondité et toute l'étendue. C'est à ceux-ci qu'il faut s'attaquer, car si on peut les renverser, les conséquences tomberont d'elles-mêmes. Certain que le Vrai vivra et que le Faux périra, nous l'offrons au lecteur, dans la conviction qu'il y trouvera quelques principes propres à l'aider dans la formation d'une opinion correcte sur la Science Sociale. Nous espérons que la difficulté d'exposer clairement un sujet si compréhensif dans un précis très abrégé, et en langue étrangère, fera pardonner les fautes qu'on trouvera dans cet ouvrage, qui n'a d'autre prétention que d'interpréter fidèlement les idées de l'auteur, ce qui aurait exigé une plume plus habile ; mais

Qui fait ce qu'il peut fait ce qu'il doit.

T. W. T.

LE LIVRE

DU

NOUVEAU MONDE MORAL.

PREMIÈRE PARTIE.

PRINCIPES DE LA SCIENCE DE LA NATURE HUMAINE.

I.

LES CINQ FAITS FONDAMENTAUX, BASE DU SYSTÈME RATIONNEL.

1. L'homme est un *être composé*, dont le caractère est formé de sa constitution, ou de l'organisation qu'il apporte en naissant, et des effets des circonstances extérieures, qui l'entourent et agissent sur lui depuis la naissance jusqu'à la mort; cette organisation originelle et ces influences extérieures agissant et réagissant continuellement entr'elles.

2. L'homme est forcé, par sa constitution primitive, de recevoir ses *sentiments* et ses *convictions* indépendamment de sa *volonté*.

3. Ses *sentiments* ou ses *convictions*, ou tous les deux réunis, créent le motif d'agir, appelé *volonté*, qui l'excite à agir et détermine ses actions.

4. L'organisation n'est jamais précisément la même chez deux êtres humains à leur naissance, et l'art ne peut former plus tard deux individus précisément semblables, depuis l'enfance jusqu'à la maturité.

5. Néanmoins, la constitution de chaque enfant, excepté le cas de maladie organique, est capable de former un être *très inférieur*, ou *très supérieur*, suivant la nature des circonstances extérieures qui influent sur cette constitution depuis la naissance.

REMARQUES.

Nul ne disputera la vérité du premier Fait; mais il peut être utile d'observer que l'influence des circonstances extérieures sur l'organisation ressemble plutôt à une action chimique qu'à une simple impression physique. Les impressions faites sur l'organisation de l'homme ne constituent pas simplement des additions, mais forment avec celle-ci un nouveau composé, modifient plus ou moins son pouvoir et son désir de réagir sur les circonstances extérieures, et effectuent ainsi, après chaque nouvelle combinaison, un changement dans le caractère entier de l'individu. Cette modification résulte souvent de l'apparition subite d'un nouvel objet, agréable ou désagréable, capable de produire une forte impression sur les sensations, les sentiments ou l'intelligence. Après chaque changement dans le caractère, celui qui existait antérieurement est, dans tous les cas, perdu pour toujours.

Le deuxième Fait est un principe qui a plus embarrassé les savants et embrouillé leurs raisonnements qu'aucune autre loi naturelle qu'ils aient tenté d'approfondir. Les fausses idées relativement à ce Fait ont produit plus de mal qu'aucune autre cause; c'est la source des erreurs qui ont perpétué l'ignorance, la discorde, la guerre et le carnage, le vice, le crime et la souffrance. Jusqu'ici le monde a été gouverné dans la supposition que les sentiments et les convictions sont les résultats du ***choix*** de l'individu, et sous la puissance immédiate de ce qu'on nomme ***libre-arbitre*** ou ***liberté de la volonté***. On trouve partout les phrases : « ***Il faut***, ou ***vous devez*** aimer ou haïr certaines qualités, croire ou ne pas croire à certaines croyances, et si vous désobéissez, vous serez puni dans ce monde et dans un autre. »

Si quelqu'un pouvait conserver une ombre de doute sur ce sujet, il peut facilement se convaincre que les sentiments sont des ***instincts de la nature humaine***, en essayant son pouvoir de changer à volonté ses sentiments actuels d'amour ou d'aversion pour les personnes ou les choses. Une semblable expérience relativement aux convictions, démontrera également l'impuissance de la volonté sur la croyance ou la conviction, qui sont le résultat, non de la volonté, mais de la plus forte impression produite sur l'esprit. Il n'y a donc dans la croyance ni mérite ni démérite puisque dans tous les cas nous sommes *forcés* d'avoir la conviction que nous éprouvons.

Mais on dit que l'homme a le pouvoir ou la liberté de ***rechercher l'évidence*** capable de lui inspirer un amour ou une croyance contraire aux sentiments et aux convictions qu'il n'a pu éviter de ressentir. Mais il est clair qu'il ne peut agir de la sorte avant d'y avoir été poussé par la volonté même de rechercher des lumières plus étendues, laquelle volonté ne provient que des sentiments ou convictions qui ont donné naissance au désir d'examiner d'autres faits; et même dans ce cas, il ne dépend pas de la volonté de l'individu de ***trouver*** ces nouveaux renseignements, et encore moins d'y ***conformer*** sa croyance, qui ne pourra jamais résulter que d'une impression plus forte qu'aura subi son esprit (*).

L'homme est une organisation composée de diverses facultés corporelles et intellectuelles, éprouvant des besoins ou penchants physiques et moraux, des sensations, des sentiments et convictions. Dans la société actuelle il n'y a aucun accord entre ces différents instincts de sa nature; il se trouve poussé à agir

---

(*) Tout ce qu'on trouve sur cet important sujet dans les livres qui s'intitulent : « *Cours*, ou *Traités de Philosophie*, se réduit à peu près au suivant : « La volonté est un pouvoir indépendant. Si je veux, je puis marcher, m'asseoir, sauter par la fenêtre. » — Oui, certes, *si* vous le voulez; *mais pouvez-vous le vouloir?* Ne faut-il pas un *motif* de vouloir? Entre plusieurs mobiles ou motifs, n'obéit-on pas au plus fort? — «Comment prouvez-vous que le motif auquel on obéit est le plus fort? » — Le fait qu'on y obéit le prouve. Comment prouvez-vous que, dans la balance, le poids le plus lourd entraîne le plus léger? — On appelle cela *philosophie*! — T.

par ses sensations ou ses sentiments, qui sont souvent en opposition avec son intelligence, ce qui produit en lui un état de perplexité et de contrainte, une lutte journalière entre divers mobiles contraires, fatale à sa santé et à son bonheur. Cette lutte entre les désirs et les convictions est appelée par les religions « la guerre entre la chair et l'esprit. » Ne sachant pas que c'est une conséquence nécessaire de la supposition que les sentiments et les convictions sont formés par la volonté, ne comprenant pas que la volonté procède de ceux-là, l'homme a été égaré par son imagination ; il a supposé un dieu personnel, être organisé, auteur du bien, et un diable personnel, auteur du mal ; il a naturellement inventé diverses formes d'adoration pour rendre propice le premier, et se préserver de la méchanceté du dernier. (*)

Lorsque son caractère sera formé de manière à en faire un être rationnel, entouré de circonstances conformes aux lois naturelles, tous ces besoins et sentiments se trouveront en état d'harmonie et accord ; mais s'il s'élevait jamais opposition entr'eux, l'instinct physique sera complètement sous la direction et la puissance des facultés intellectuelles et morales.

Le quatrième Fait est aussi d'une grande utilité pratique. Il nous apprend que la différence entre les individus provient de la nature, et que l'art peut bien l'augmenter ou la diminuer, mais non produire une parfaite similitude. Cette différence n'est pas produite *par* l'individu, mais *pour* lui, par les circonstances préexistantes. Nul ne peut donc justement ou raisonnablement s'attribuer du mérite à cause de cette différence entre lui et autrui. Cette conviction détruira les germes de l'orgueil, de l'arro-

---

(*) Le *Mal*, ou la souffrance sociale, est à la société ce que la *douleur*, ou souffrance personnelle, est par rapport à l'individu ; c'est le résultat de son ignorance et inexpérience, qui l'avertit de son erreur, l'empêche de faire ce qui lui est nuisible, et l'excite à chercher les moyens de conserver et d'améliorer l'organisation individuelle et sociale. — T.

gance, de la vanité, de l'égoïsme ignorant, de l'excessive estimation de soi-même et mépris d'autrui, qui sont des degrés d'aberration d'esprit.

Les quatre premiers Faits ont rapport à la théorie générale de la formation du caractère humain ; ils développent, pas à pas, les procédés par lesquels la diversité infinie de ce composé extraordinaire est créée ; ils démontrent que le caractère entier de l'homme est formé *pour* et non *par* l'individu. Il est indispensable que ces quatre principes soient parfaitement compris par les hommes, pour qu'ils puissent penser ou agir rationnellement à l'égard d'eux-mêmes ou de leurs semblables. Le dernier de ces Faits fondamentaux est une combinaison de principe et de pratique, la plus importante et compréhensive qu'il soit possible de présenter au monde.

II.

LOIS FONDAMENTALES DE LA NATURE HUMAINE, OU PREMIERS PRINCIPES DE LA SCIENCE DE L'HOMME.

1. La nature humaine est un composé de penchants animaux, facultés intellectuelles, et qualités morales.

2. Ces penchants, facultés et qualités sont réunis en diverses proportions dans chaque individu.

3. Cette diversité constitue la différence primitive entre un individu et les autres.

4. Ces éléments de sa nature, et leurs proportions, sont formés par un pouvoir inconnu à l'individu, et par conséquent sans son consentement.

5. Chaque individu naît au milieu de certaines circonstances extérieures, qui, agissant sur son organisation primitive particulière, surtout pendant la première période de sa vie, et lui imprimant leur caractère général, forment son caractère local et national.

6. L'influence de ces circonstances extérieures générales est modifiée d'une manière particulière par l'organisation particulière de chaque individu ; et de cette manière est formé, et maintenu pendant la vie, le caractère distinctif de chacun.

7. Nul enfant n'a le pouvoir de décider à quelle époque, ou en quelle partie du monde il naîtra, — quels parents lui donneront l'existence, — dans quelle religion il sera élevé, — quelles mœurs, habitudes et coutumes lui seront données, — ni de quelles autres circonstances extérieures il sera entouré, depuis la naissance jusqu'a la mort.

8. Tout être humain est organisé de manière que, lorsqu'il est jeune, il sera possible de lui faire recevoir, soit des idées vraies tirées de la connaissance des faits, soit des notions fausses, tirées de l'imagination et opposées aux faits.

9. Il doit nécessairement devenir irrationnel lorsqu'il est forcé, depuis l'enfance, de recevoir comme vérités des fausses notions fondamentales, et il ne pourra devenir véritablement rationnel que par la réception de principes fondamentaux vrais, sans aucun mélange d'erreur.

10. Il peut être élevé de manière à acquérir des habitudes pernicieuses seulement, ou des habitudes avantageuses seulement, ou bien un mélange des deux.

11. Il est *forcé de croire* suivant la plus forte conviction de son esprit ; et cette conviction sa volonté ne peut ni la lui donner ni la lui ôter.

12. Il est *forcé d'aimer* ce qui lui plaît, ou autrement, ce qui produit en lui des sensations agréables, et de *sentir de l'aversion* pour ce qui lui déplaît, ou produit en lui des sensations désagréables ; et il ne peut savoir, avant d'en avoir fait l'expérience, quelles sensations particulières les objets nouveaux produiront sur un ou plusieurs de ses sens.

13. Ses *sentiments* et ses *convictions* sont formés *pour lui* par les impressions que les circonstances produisent sur son organisation particulière.

14. Sa *volonté* est formée *pour* lui par ses sentiments ou ses convictions, ou par tous les deux; *et de cette manière, son caractère entier*, — physique, intellectuel et moral — *est formé indépendamment de lui-même.*

15. Les impressions qui, d'abord et pendant un certain temps, produisent des sensations agréables, étant prolongées sans interruption au-delà d'un certain temps, deviennent indifférentes, désagréables, et à la fin douloureuses.

16. Lorsque les impressions se succèdent avec un certain degré de vitesse, elles dissipent, affaiblissent et endommagent ses forces physiques, intellectuelles et morales, et diminuent ses jouissances.

17. Sa plus parfaite santé, sa plus grande amélioration progressive, et son bonheur permanent dépendent du développement convenable de toutes ses facultés physiques, intellectuelles et morales, qui sont les éléments de sa nature, et doivent être mises en activité à une époque convenable de la vie, et ensuite *exercées avec sagesse*, suivant sa force et sa capacité.

18. Il est forcé d'acquérir ce qu'on appelle un *mauvais caractère* lorsqu'il a été placé, depuis sa naissance, dans les circonstances les plus défavorables.

19. Il acquiert un *caractère moyen*, lorsqu'il est né avec une proportion favorable des éléments de sa nature, et a été placé dans des circonstances défavorables: — ou né avec une proportion défavorable de ces éléments, et placé dans des circonstances propres à lui imprimer des sensations favorables seulement: — ou né avec une proportion favorable de quelques uns de ces éléments et défavorables de quelques autres, et placé dans des circonstances mixtes, produisant des sensations bonnes et mauvaises. Ce composé a été jusqu'à présent le sort général des hommes.

20. Il acquiert un *caractère supérieur*, quand son organisation contient la meilleure proportion des éléments de la nature humaine, et quand les circonstances qui l'entourent, depuis sa

naissance et pendant la vie, sont de nature à produire seulement des sensations supérieures; ou, en d'autres termes, quand les lois, institutions et coutumes sous lesquelles il vit, sont toutes conformes aux lois de sa nature.

REMARQUES.

Ces Lois sont des lois fondamentales de la nature, et non l'invention de l'homme; elles existent sans sa connaissance et son consentement et ne peuvent être changées par aucun effort de sa part; et comme elles proviennent d'une cause qui lui est inconnue, ce sont les seules lois *divines*, dans le sens vrai du mot.

Considérées séparément et dans l'ensemble, et envisagées dans toute leur portée et conséquences, elles forment la base parfaite d'une véritable science morale, — la science dont la connaissance est nécessaire pour assurer le bonheur de l'humanité.

L'homme a beaucoup de *penchants* en commun avec les autres animaux, — le besoin de nourriture, de repos et de sommeil, d'union sexuelle. Il a d'autres facultés analogues aux instincts de l'animal, avec cette grande différence que ceux-ci se transmettent à peu près sans changement de génération en génération, tandis que les *facultés intellectuelles* qui constituent l'esprit ou intelligence se développent et grandissent continuellement par l'expérience, ou acquisition de nouvelles connaissances. Ce pouvoir d'ajouter à ses idées, de les comparer, et d'en tirer des principes et des sciences, est ce qui distingue le plus l'homme de tous les êtres doués de vie.

Le but de l'existence de l'homme est de jouir du bonheur, et la plus haute sagesse humaine consiste dans la connaissance des moyens d'obtenir et d'assurer la plus grande somme de bonheur dont il soit possible de jouir d'une manière permanente. Cette importante science doit former l'homme pour atteindre le plus haut degré possible de la perfection physique, intellectuelle et morale. Or, l'expérience lui enseigne que tous ses penchants, toutes ses facultés sont également nécessaires à son bonheur, et doivent être développés et exercés en ordre convenable et avec modération, sans jamais dépasser ce point, sous peine de déranger toutes les fonctions de l'individu et de nuire à la santé de son organisation et au bien-être de ses semblables. Comme chaque partie de l'organisation est essentielle à la perfection du tout, on ne peut justement appeler une partie inférieure aux autres. Les systèmes qui ont voulu flétrir et proscrire certains penchants et certaines facultés ont été formés dans l'ignorance de la nature humaine et de ce qui constitue le bonheur.

Nous savons aussi que les sensations qui sont d'abord agréables, étant répétées pendant un temps trop prolongé, et avec trop peu d'intermittence, deviennent indifférentes et ensuite désagréables. Toutes les facultés sont sujettes à cette loi. Ceci constitue l'excès, le vice ; et conduit inévitablement à la maladie et à la destruction de l'individu, et nuit à tout ce qui l'entoure. Celui qui connaît sa nature, ses facultés et le nombre des sensations diverses nécessaires à la parfaite santé de son être, ne dépassera jamais le point de la temperance ou plus grande perfection possible. Ceux qui dirigent le système social doivent former les individus de manière à ce que chacun puisse s'assurer de ce point dans son organisation, et faire toutes les dispositions nécessaires pour que tous soient conduits à agir conformément à cette connaissance.

III.

DÉDUCTIONS DES FAITS ET LOIS QUI PRÉCÈDENT.

Ces Faits et Lois prouvent que la nature humaine est un composé de diverses qualités, et qu'elle n'est pas ce qu'elle a jusqu'à présent paru être ; que ces qualités ont été mal comprises, et que la véritable nature de l'homme a été ignorée par lui ; que ce manque de toute connaissance de lui-même est la grande et presque unique cause de tous les crimes et souffrances qui ont affligé et affligent encore l'humanité. L'homme a pris les instincts les plus importants de sa nature pour des créations de sa volonté, tandis que les faits prouvent que c'est sa volonté qui est créée par ces instincts.

Cette erreur fondamentale sur la qualité du matériel de la nature humaine a nécessairement jeté le désordre dans toute la marche de l'humanité, et a empêché la race entière de devenir rationnelle. L'homme s'est imaginé qu'il a été formé pour croire et pour sentir comme il lui plaît, par le pouvoir de sa volonté, et pour être presque indépendant de la nature extérieure. La société passée a été fondée sur ces suppositions erronées, et, en conséquence, l'esprit humain a été un chaos d'inconséquences, et toutes les affaires humaines un composé des procédés les plus irrationnels, particuliers, nationaux et universels. Les plus forts membres de toute association ont tyrannisé les plus faibles et, par force ouverte ou par fraude, en ont fait leurs esclaves. Tel est actuellement l'état général de la société. Mais les tyrans et les esclaves ne sont jamais rationnels, et un tel état social ne peut jamais produire l'intelligence, la richesse, l'union et le bonheur pour l'homme, ni le placer dans une position d'amélioration progressive permanente.

IV.

INFLUENCE DE CES FAITS ET LOIS SUR LA FORMATION DU CARACTÈRE GÉNÉRAL DU GENRE HUMAIN, ET LEURS EFFETS SUR LA SOCIÉTÉ.

Ces Faits et Lois de la nature, dès qu'ils seront pleinement compris et généralement adoptés dans la pratique, deviendront le moyen de former un nouveau caractère pour l'espèce humaine. Les hommes, au lieu d'être rendus irrationnels, comme ils ont été jusqu'à présent, deviendront rationnels, et nécessairement charitables envers leurs semblables, quelle que soit leur patrie, leur couleur, leur langue, leurs sentiments et sensations ; *bons* et *bienveillants* envers tout ce qui vit. Quand ces Faits et Lois seront enseignés à tous depuis l'enfance, ils sauront que le climat, la couleur, le langage, les opinions et les sentiments sont les effets naturels de causes sur lesquelles les individus, soumis à leur action, n'ont aucun pouvoir, et ils ne seront donc point indisposés contre leurs semblables parce qu'ils subissent des influences inévitables. Cette conviction fera finalement disparaître toutes les mauvaises passions, les guerres, la désunion, les crimes, violences et misères, et toute espèce d'oppression et d'injustice.

V.

HARMONIE, UNITÉ, ET EFFICACITÉ DE CETTE SCIENCE MORALE.

La preuve de la vérité d'une science se trouve dans l'accord de chaque partie avec le tout, et dans son unité avec la nature; car chaque vérité doit nécessairement être en strict accord avec toute autre vérité.

Et, en effet, on trouvera que les cinq Faits fondamentaux, et les vingt Lois de la nature humaine, sur lesquels se fonde la science morale de l'homme, sont parfaitement d'accord entre eux et avec la nature. Toutes les lois humaines sont en opposition avec celles de la nature. Il en est de même des religions de toutes les dénominations. Lorsqu'on les analyse, on trouve qu'elles sont toutes fondées sur trois absurdités : 1° Croyez en mes doctrines, telles qu'elles sont expliquées par mes prêtres, d'après mes livres sacrés; 2° Eprouvez les sentiments que ces doctrines vous ordonnent d'avoir ; 3° Payez mes ministres qui vous instruisent ainsi, et si vous accomplissez fidèlement ces trois choses en mon nom, disent les prêtres de toutes les religions, vous aurez le plus grand mérite dans ce monde-ci, et une récompense éternelle dans le monde à venir.

Il est évident que l'unité et l'harmonie n'ont jamais pu exister dans les religions et codes basés sur la fausse idée que l'homme a le pouvoir de croire et de sentir comme il veut, puisque les faits prouvent que la volonté elle-même est le résultat de l'action de ses instincts.

DEUXIÈME PARTIE.

PRINCIPES DE LA RELIGION RATIONNELLE. *

I. Les religions du monde ont *divisé* les nations entr'elles, les hommes entr'eux, depuis la première période historique jusqu'à ce jour. La vraie religion devra, au contraire, *unir* nation à nation, l'homme à l'homme, jusqu'à ce que le genre humain ne forme qu'une seule famille, unie de sentiments et d'intérêts, tous ses membres égaux en éducation et condition, selon l'âge, et gouvernée seulement par la charité et l'amour, fondés sur la connaissance de la science de la nature humaine et de la société.

II. Tous les faits connus de l'homme démontrent qu'il y a une cause extérieure ou intérieure de toutes les existences. Cette cause universelle de mouvement et de changement dans l'univers, est le pouvoir incompréhensible que les nations du monde ont nommé Dieu, Jehovah, Seigneur, etc.; mais l'homme est encore ignorant des faits capables de définir la nature de cette puissance jusqu'à présent incompréhensible.

Il paraît probable que l'univers, ses matériaux et le pouvoir d'où proviennent le mouvement, la vie et le savoir, — la composition, décomposition et recomposition, sont *de toute éternité*, ou sans commencement et sans fin.

---

* Par le mot *religion*, il faut entendre *l'ensemble des liens* qui unissent les hommes en société.

Le mot *charité* ne signifie nullement *aumône*, mais *amour fraternel*, *bienveillance universelle*. L'aumône peut faire de *mendiants*, mais il n'y a que la *justice* qui puisse faire des *hommes*. — T.

Cet univers, ces matériaux, ce pouvoir, ces mouvements, leur naissance, persistance et résultats futurs sont également cachés aux facultés humaines; et jusqu'à ce qu'on découvre des faits nouveaux, c'est un simple exercice de ces facultés que d'imaginer, supposer ou affirmer quoi que ce soit relativement à ces choses.

Si aucun être humain prétend connaître avec certitude l'univers, la matière dont il est formé, le pouvoir qui dirige et gouverne; la volonté, l'intention, les motifs, objets ou qualités de ce pouvoir, ou la raison de cette composition, décomposition et recomposition apparemment éternelles, c'est une preuve de son ignorance parfaite de ces choses, et de l'insanité ou hypocrisie qui ont produit le malheur des générations passées, et qui sont encore le plus grand obstacle au progrès de la science, à l'avancement de toutes les qualités supérieures de l'homme, et au bonheur progressif et permanent de l'espèce humaine.

III. C'est une loi de la nature, évidente à nos sens, que le caractère interne et externe de tous les êtres vivants est formé *pour* eux, et non *par* eux. Le caractère de l'homme est donc formé *pour* lui et non *par* lui; et la certitude de ce fait, avec ses importantes conséquences, créera nécessairement chez tous un nouvel esprit, pur et sublime, de charité pour les convictions, sentiments et actions de leurs semblables, et les rendra bienveillants envers tout ce qui vit, vu que ces existences diverses sont formées par ce même pouvoir incompréhensible qui a formé l'espèce humaine, et l'a douée de ses facultés particulières.

La connaissance du fait que l'homme ne forme ni son individu, ni aucune des facultés de l'espèce, — lorsqu'elle sera comprise dans toute la portée de son expression, et que ses innombrables anneaux dans la chaîne des conséquences seront vus et poursuivis pas à pas jusqu'aux derniers résultats, — se montrera être une des vérités les plus sublimes pour le bonheur de l'humanité que l'homme ait jamais pu tirer de la pensée et de la réflexion. C'est le point de séparation entre l'ignorance et le savoir, entre le vice et la vertu, entre la déraison et la raison; entre la division et l'union; entre toute sorte de sentiments et actes incharitables et malveillants, et la plus grande charité et bienveillance envers l'homme et tout ce qui vit; en un mot, entre luttes, dégradation, et misère universelles, et union cordiale, élévation de caractère et bonheur universel.

IV. L'homme a le plus grand intérêt à acquérir une connaissance exacte des circonstances qui produisent le *bien* et le *mal* pour l'espèce humaine, et à exercer toute sa puissance pour procurer le premier à la société et en éloigner le second.

Sans la connaissance des causes qui produisent le bien et le mal individuel et général dans la société, l'homme est excité à agir par les instincts ordinaires de l'animal, ou par la raison instinctive.

Comme la véritable religion consiste uniquement dans *l'acquisition de la connaissance du vrai, et son application à la pratique, conformément aux Faits et Lois de la nature humaine, lesquelles connaissance et application assureront le bonheur permanent de l'humanité*, — le premier pas vers la vraie religion sera une perception claire des *causes* immédiates du *bien* et du *mal*. Le second sera l'application de cette connaissance pour écarter, sagement et paisiblement, les *causes* qui produisent et ont toujours produit le mal. Le troisième sera l'introduction des causes qui produiront le bonheur permanent de toute l'espèce humaine, sans distinction de classe, secte, parti, pays ou couleur.

La religion de l'ancien monde immoral, basée sur de faux principes, a été une religion de formes et de cérémonies, de miracles et de mystères puérils, de prédications stériles pour le bien, et, comme le prouve l'histoire, féconde seulement en discordes, luttes, guerres, persécutions et hypocrisie.

La religion du nouveau monde moral, *unissant* au lieu de *diviser* les hommes, consiste non en *paroles*, mais en *actes*, et repose sur des faits invariables, vérités universelles que nul ne peut renverser; exempte de cérémonies et de mystères, elle vit dans le cœur et l'esprit de tous depuis l'enfance. Sa pratique consiste, pour l'homme, à unir ses efforts à ceux de ses semblables, pour la destruction des causes qui produisent le mal et la création d'un nouvel ordre de circonstances supérieures, autant que le permettent les connaissances et moyens actuels.

V. Cette inestimable science pratique ne peut s'acquérir que par la recherche étendue de la vérité, au moyen d'un examen exact, patient et sans préjugés, des faits présentés par la nature.

Le premier pas à faire dans la science qui peut seule rendre l'homme sage, bon et heureux, consiste à reconnaître combien peu il sait, de science certaine, touchant l'univers, son but, la nature de ses éléments, le pouvoir qui règle ou gouverne l'union, la séparation et la réunion de ces éléments, les causes premières de toutes choses. Prétendre connaître l'origine et la cause de ces existences, ou avoir le pouvoir de faire honneur ou de s'opposer, de plaire ou déplaire à la cause impénétrable des organisations et des mouvements universels des corps et esprits; c'est, chez des êtres formés sans leur connaissance — qui pensent, sentent et agissent d'après une impulsion incompréhensible pour eux — l'essence de l'ignorante présomption, une véritable démence.

L'homme ignore encore sa propre nature; le second pas pour lui est donc de se connaître lui-même. L'humanité a été destinée à rester, dans son enfance, intellectuellement aveugle, pendant un certain temps; elle est encore dans les ténèbres, mais il y a des indices que ses yeux commencent à s'ouvrir et à voir les choses comme elles sont. Bientôt elle s'apercevra que ce n'est que par une recherche du vrai, patiente et sans préjugés, par une investigation scrupuleuse de tous les faits présentés par la nature, que toutes les divisions des connaissances humaines pourront s'unir pour former un seul tout harmonieux, dans lequel pas un seul fait ne restera en contradiction apparente avec aucun autre fait, dans toute l'étendue du domaine de la science. La vérité ne peut jamais être en opposition avec elle-même, ni deux faits en désaccord. L'univers, suivant nos notions bornées de l'universel, doit être *une seule grande vérité*, composée de tous les faits passés, présents et futurs, dont chacun est en unité parfaite avec tous les autres; et cette conformité seule constitue la vérité.

Quand l'homme aura acquis une connaissance parfaite de l'importante *Science de l'influence des circonstances extérieures sur la nature humaine, et de son application à la pratique,* les malheurs du genre humain cesseront bientôt pour toujours.

VI. L'homme ne pourra jamais arriver à un état supérieur et permanent de bonheur, jusqu'à ce qu'il soit entouré de circonstances extérieures qui le porteront, depuis sa naissance, à ressentir une charité pure et une affection sincère envers tous ses semblables, à dire la vérité en toute occasion, et à se conduire avec bienveillance envers tout ce qui vit.

Jusqu'à ce que l'homme se trouve dans des circonstances telles qu'il n'aura aucun motif de parler un autre langage que celui de la cérité, il ne pourra jouir du vrai bonheur, ni même en connaître la nature. Il sera incapable de se connaître lui-même ou l'humanité, de ressentir la charité pour ses semblables, et une sincère affection pour l'espèce, ni d'avoir la moindre connaissance de la *vraie religion*, qui exige le langage clair, simple et droit de la vérité, *sans mystère, mélange d'erreur, ni crainte de l'homme.* Tant qu'un système universel d'erreur, de fausseté et de fraude dominera et pénétrera dans toutes les parties de la société, il sera inutile de vouloir introduire la vérité, la charité, et l'affection dans la pratique sociale, et le mot de religion restera vide de sens. Ce changement ne pourra s'effectuer que par un changement complet dans la formation du caractère humain, et par une reconstruction de la société, fondée sur des principes directement opposés aux idées fausses qui ont donné naissance au système de l'erreur et de la fausseté. Dans celui-ci, c'est une maxime qu'il n'y a que les enfants et les imbéciles qui disent la vérité ; et cela est si vrai, que celui qui voudrait en toute occasion dire la vérité pure et entière, serait chassé de la société et traité de fou,

A présent, rien ne paraît plus visionnaire que la possibilité de pratiquer la vérité, la charité et l'amour fraternel, et cependant on continue, génération après génération, à parler de religion basée sur ces choses, et à pratiquer la fausseté, la violence et la fraude. Preuve évidente de l'ignorance, de l inconséquence, de l'irrationalité et de l'insanité du vieux monde immoral.

Tant que l'homme ne sera pas habitué à se servir du langage de la vérité, et à entendre, à apprendre, et à faire le vrai, il restera ce qu'il a toujours été, un animal vicieux, présomptueux, et irrationnel; la malheureuse victime de l'erreur, et de toute espèce d'inconséquences et de maux.

VII. Ces connaissances et sentiments supérieurs ne pourront jamais être donnés à l'homme par des institutions sociales fondées sur la fausse supposition que l'homme forme ses *sentiments* et ses *convictions*, par sa *volonté*, et qu'il mérite, en conséquence, louange ou blâme, récompense ou punition.(*)

Ces notions, conçues dans l'ignorance, nourries dans la présomption, et mises en pratique avec toute sorte d'injustice, de cruauté et d'oppression, ont rempli la terre d'insanité, et en ont fait un enfer. Il est temps que l'homme s'arrête pour considérer quelle espèce d'être il est, quelles sont ses qualités, et quel est l'emploi le plus avantageux qu'il puisse en faire. Il est temps qu'il sache qu'il *n'a point de choix dans ce qu'il est forcé de sentir et croire;* car s'il en avait, il voudrait toujours

---

(*) L'auteur ne prétend pas proscrire l'approbation et la désapprobation, qui sont des sentiments naturels et indestructibles, mais seulement leur expression immodérée. — T.

se sentir heureux, et croire ce qui est éternellement vrai; il n'y aurait ni souffrance ni erreur. Il faut qu'il se détrompe sur ces sujets si essentiels au bonheur humain; ce n'est que de cette manière qu'il pourra devenir véritablement intelligent, charitable et bon, et réellement vertueux.

Avec un peu de réflexion, on découvrira facilement les causes qui produisent la conviction; quand ces causes existent, elle est inévitable; quand elles sont absentes, la croyance ne peut être forcée, quelque motif qu'on ait de la désirer. Puisque la croyance est l'effet de la conviction, la seule question sera : L'évidence est-elle assez forte pour produire la conviction ? Si non, il faut la fortifier, jusqu'à ce qu'elle fasse disparaître le doute et établisse la croyance. Mais ni la louange ni le blâme, la récompense ni la punition, ne sera jamais attribué, dans une société rationnelle, à la croyance ou à son absence; car tout individu est *forcé* de subir une conviction conforme aux impressions faites sur son esprit.

Les causes qui produisent les sentiments et sensations seront également évidentes, comme facultés et instincts naturels, par lesquels chacun est contraint de ressentir de l'attrait ou de l'aversion. Ces effets sont aussi involontaires, et méritent aussi peu louange ou blâme, que la forme des traits ou la grandeur du corps.

Quoique ces sentiments et instincts ne puissent être créés par l'individu, cependant, dès que cette connaissance de notre nature sera généralement répandue, avec la meilleure manière de l'appliquer à la pratique, les adultes d'une génération pourront aider essentiellement les enfants de la génération suivante dans la formation de leurs sentiments et convictions, et à leur donner une direction qui mène vers les régions de la vérité et de la félicité.

Il est de la dernière importance d'arriver à la certitude sur cette question; car le bonheur ou le malheur de l'humanité dépendent de sa solution exacte. Si la volonté de l'homme est en lui un ***pouvoir indépendant***, et en vertu duquel il peut croire ou sentir comme il veut et désire, — alors, à en juger par le passé, il n'y a point d'espoir pour l'avenir ; car jusqu'à présent il a senti, pensé et agi de la manière la plus irrationnelle, et il n'y a aucune raison d'espérer une amélioration future. Mais si les convictions et sentiments de l'homme sont formés *pour lui*, et que ceux-ci, séparément ou ensemble, *créent la volonté* ou résolution d'agir, — alors, au moyen de la science de l'influence des circonstances sur la nature humaine, et des causes qui produisent les convictions et les sentiments, et par conséquent la volonté, un nouveau pouvoir est donné à l'humanité, qui sera bientôt en état de détruire les circonstances qui produisent le mal, et de rendre permanentes celles qui produiront le bonheur du genre humain.

VIII. Sous des institutions conformes au Système Social Rationnel, ces connaissances et dispositions supérieures pourront être données à toute l'espèce humaine, d'une manière infaillible, excepté les cas de maladie organique.

Les institutions et dispositions actuelles, basées sur l'erreur, et qui devront être abandonnées ou modifiées, sont :

1. Les religions, ainsi nommées ;
2. Les gouvernements de toutes les formes ;
3. Les professions, civiles et militaires :
4. Les systèmes monétaires ;
5. La pratique d'acheter et de vendre ;
6. Les pratiques qui produisent les luttes civiles et militaires, personnelles et nationales ;
7. Le mode actuel de production et distribution des richesses ;
8. Le mode actuel de formation du caractère de l'homme, ou éducation ;
9. Les pratiques de fraude et violence qui règnent actuellement dans toutes les institutions et fonctions sociales ;
10. Le mode d'intérêts isolés, et le désaccord universel qui en découle ;

11. Le mode de familles isolées et intérêts de famille séparés;

12. La manière d'élever les femmes comme esclaves domestiques;

13. La pratique des mariages de convenance et indissolubles, forçant l'union des sexes en opposition aux sentiments naturels;

14. Le mode d'inégalité d'éducation, d'emplois et de conditions;

15. L'oppression du faible par le fort;

16. La pratique de lever des impôts inégaux, et de les dépenser en mesures incapables de produire le bien, tandis qu'on pourrait les appliquer efficacement à produire la richesse, la science, et le bien-être permanent de tous;

17. La pratique de la production de toutes sortes de richesses d'une qualité inférieure, au lieu d'une qualité supérieure, plus économique et plus désirable.

Au lieu de ces institutions et pratiques insensées, compliquées et contradictoires, qui émanent toutes d'un petit nombre de fausses idées fondamentales sur l'humanité, il faut d'autres arrangements et dispositions, à savoir:

1. Que les connaissances et l'expérience de l'espèce humaine soient rassemblées et concentrées, afin de donner une direction avantageuse à toutes les forces et puissances, manuelles et scientifiques, qui ont été accumulées dans les siècles passés;

2. Que ces pouvoirs soient partout concentrés pour produire la plus grande quantité de la richesse la plus précieuse, avec le moins de travail manuel malsain ou désagréable, avec le moins de perte de temps et de capital possible;

3. Que les pouvoirs artificiels et scientifiques soient employés, de la manière la plus étendue, dans les arrangements domestiques, aussi bien que dans tous les autres départements sociaux;

4. Que tout ce qui est inférieur, dans toutes les dispositions sociales, soit remplacé par ce qui est supérieur. Ainsi, il n'y aura rien d'inférieur dans la culture du sol, dans le logement, dans la préparation des aliments et des vêtements, ni dans l'éducation et formation du caractère des hommes et des femmes ;

5. Que les richesses produites soient conservées et distribuées de la manière la plus avantageuse pour tous ;

6. Que le gouvernement local et général soit conforme à ce nouvel état supérieur d'existence, dans lequel il y aura peu de chose à faire pour préserver l'unité des différentes parties de la société, et assurer le bien-être progressif de tous ;

7. Que l'éducation et la condition soient aussi parfaites que le permettra la somme des connaissances et moyens, et que la seule division soit celle de l'âge : aux enfants, le service ; aux adultes, la production, conservation et distribution des richesses; aux vieillards, le gouvernement et la jouissance du loisir;

8. Que tous soient ainsi toujours employés dans des occupations actives et attrayantes, à avancer le bonheur et l'amélioration de la société, sans avoir égard exclusivement à soi. Le bonheur de chacun sera ainsi constamment assuré sans lutte, et mille fois augmenté;

9. Cette manière d'élever et d'employer, et de gouverner la société d'après des principes de justice et de bienveillance, rendra inutiles les religions et les lois anti-naturelles, les récompenses et les châtiments ; (*)

10. Que les deux sexes soient égaux en éducation et droits, les femmes étant élevées pour être compagnes parfaites des

(*) Puisque l'auteur n'admet ni récompenses ni punitions, il ne peut compter que sur l'*attrait*. Ce système est celui qu'il mit en *pratique* à *New-Lanark*, dans l'école. Si le travail peut être rendu *attrayant*, c'est un contre-sens de vouloir le *rétribuer*, également ou inégalement. — T.

hommes. Que les unions se forment conformément aux affections, et suivant des dispositions qui seraient nécessairement établies par des êtres devenus rationnels, placés dans des circonstances formées et combinées d'une manière rationnelle, et qu'il est impossible de fixer ni prévoir avant l'expérience. Que les enfants soient tous élevés comme enfants de la même famille — la grande famille humaine, — unis d'intérêts et d'affection, et à l'abri de toute influence répulsive.

11. Le seul langage parlé ou exprimé par la parole, le regard ou l'action, sera celui de la vérité, sans mystère, mélange d'erreur, ni crainte de l'homme.

12. La paix deviendra universelle par suite des avantages incalculables de l'union sur la division.

13. Qu'il ne soit perçu aucun impôt, tout le monde étant amplement pourvu de la surabondance du fonds commun.

En vertu de ces changements, la société ne sera plus un composé discordant des classes hautes, moyennes et basses, mais elle deviendra une seule classe éminemment supérieure, partagée en sections suivant l'âge, et assurant à chacun la plus grande somme de bien-être que le comportera son organisation. Elle formera un seul système scientifique lié dans toutes ses branches, pour la *production, la conservation, la distribution et la consommation des richesses, de la manière la plus avantageuse pour chacun et pour tous; pour bien former le caractère physique, intellectuel, moral et pratique de tous, et pour gouverner le tout, sans violence ni fraude, de manière à faire un progrès continuel dans le perfectionnement de toutes les dispositions sociales, dans toute espèce de connaissances, et dans la jouissance d'une félicité croissante et inaltérable.*

TROISIÈME PARTIE.

ÉCONOMIE SOCIALE.

I.

CONDITIONS NÉCESSAIRES POUR PRODUIRE LE BONHEUR DE L'HUMANITÉ.

D'après tous les faits connus de l'homme, il paraît être une loi universelle de la nature, que tout être vivant désire le bonheur, et fait continuellement tous ses efforts pour éviter les sensations douloureuses et se procurer des sensations agréables. C'est l'instinct vital, et le motif secret de tous les mouvements physiques et moraux chez tout individu de l'espèce humaine; et pour cela on ne peut ni le louer ni le blâmer.

Quelles sont les conditions générales nécessaires pour assurer le bonheur de l'humanité? Ces conditions sont-elles réalisables, et comment peut-on les obtenir et les assurer?

Sans une connaissance certaine de la *cause* de la misère humaine, il sera impossible de savoir si le mal peut être détruit par la puissance inhérente à l'humanité.

Pour celui qui a la faculté d'observer et de réfléchir exactement et avec étendue, il devient bientôt évident que la seule cause de la misère de l'homme a été, et est encore, non-seulement une ignorance totale, mais une conception entièrement fausse de sa propre nature. Nos pères, après nombreux efforts infructueux, pour en faire, suivant leurs notions, un être bon, arrivèrent à la conclusion qu'il était « *mauvais de sa nature*, et incapable de devenir ni *bon* ni *heureux* dans ce monde. »

Il est positif que l'homme a reçu son organisation du même pouvoir que les autres êtres organisés; qu'il n'y a pas lieu de l'appeler *bonne* ni *mauvaise*, ni raison de le louer ni de le blâmer parce qu'il est inévitablement ce qu'il a été forcé d'être.

L'homme est un animal progressif qui s'avance d'un état de perplexité, de confusion et de désordre, dans les idées et la conduite, vers un état d'esprit plus sain, et une conduite plus rationnelle. Il commence à comprendre ce qu'est véritablement sa propre nature ; jusqu'à présent il s'est vainement efforcé d'arriver au bonheur ; tous les systèmes ont été incapables de le lui procurer.

Il est certaines conditions indispensables au bonheur humain :

1. La possession d'une bonne organisation physique, intellectuelle et morale.

2. Le pouvoir de se procurer à volonté tout ce qui est nécessaire pour conserver l'organisation dans le meilleur état de santé.

3. La parfaite éducation des facultés physiques, intellectuelles et morales de toute la population.

4. Le désir et les moyens d'avancer continuellement le bonheur de nos semblables.

5. Le désir et les moyens d'augmenter sans cesse notre somme de connaissances.

6. Le pouvoir de jouir de la meilleure société, et surtout de celle des personnes pour lesquelles nous sommes forcés de sentir le plus d'estime et la plus grande affection.

7. Les moyens de voyager à volonté.

8. L'absence de superstition, de craintes surnaturelles, et de la crainte de la mort.

9. La pleine liberté d'exprimer nos pensées sur tous les sujets.

10. La plus grande liberté personnelle d'action, compatible avec le bien permanent de la société.

11. Un caractère formé pour nous de manière à pouvoir exprimer la vérité en toute occasion, et à ressentir une véritable charité pour les sentiments, pensées et conduite de tous les hommes, et une sincère bienveillance envers chaque individu du genre humain.

12. La résidence dans une société bien organisée et bien gouvernée, dont toutes les lois, institutions et dispositions sont en accord avec les lois de la nature humaine.

13. La certitude que tous les êtres vivants sont aussi heureux que le permet leur nature, mais surtout tous les êtres humains.

C'est en vain que l'homme espérerait le bonheur, à moins qu'il ne soit possible d'assurer à tous, d'une manière permanente, toutes les conditions précédentes.

II.

CE QUI EST NÉCESSAIRE POUR MAINTENIR L'ORGANISATION DANS UN ÉTAT DE SANTÉ PERMANENT, JUSQU'A L'ÉPOQUE NATURELLE DE VIEILLESSE ET DE DÉCOMPOSITION.

1. Traitement bienveillant et judicieux depuis la naissance.

2. Air pur et salubre.

3. Nourriture saine, en quantité convenable et à intervalles convenables.

4. Exercice régulier en plein air pendant la vie entière.

5. Développement convenable de toutes les facultés, forces et qualités physiques et intellectuelles.

6. Exercice tempéré, aux époques indiquées par la nature, de tous les penchants qui forment une portion essentielle de la nature de l'homme.

7. Occupation saine alternative du corps et de l'esprit, graduée selon la force et la capacité de l'individu.

8. Connaissance réelle et étendue de soi-même, de la société et de la nature, conforme aux faits et à la nature extérieure, sans mystères pour troubler l'entendement, le jugement, ou aucune autre faculté intellectuelle.

9. Charité pure, véritable et entière, provenant d'une connaissance exacte de la nature humaine, qui produit la bienveillance

envers tous, détruit toutes les passions basses, et tous les motifs des vices et des crimes, et donne naissance à une sérénité d'esprit et de sentiments, à un empire sur soi, et à une satisfaction qui sont seuls capables de produire un bon état constant de santé physique et morale.

10. L'estime et l'affection de tous nos proches et amis, et de toute la race humaine.

III.

ÉLÉMENTS DE LA SCIENCE SOCIALE.

Jusqu'à présent, la société a été un chaos, dans tous les pays et tous les siècles. Les éléments de la science sociale n'ont jamais été réunis en système capable d'assurer à tous éducation, unité, richesse, charité, progrès et félicité, augmentant sans cesse de génération en génération.

Les éléments sociaux existent dans tous les états de la société. Il y a une *science* de la production et de la distribution des richesses, une *science* de la formation du caractère ou éducation, et une *science* du gouvernement. ***Le progrès social consiste à perfectionner chacune de ces sciences, et à les combiner en proportions propres à produire le plus d'avantages et de bien-être pour tous et chacun. Ce résultat est le but et l'objet de tous les efforts de l'homme.***

Sans une connaissance exacte des principes de la science sociale, il serait inutile de vouloir commencer des mesures pratiques. L'enseignement prématuré de ceux qui se sont appelés disciples de ces nouveaux principes sociaux, s'imaginant qu'une portion du système social en formait la totalité, en a plus retardé le progrès, et a fait plus de mal à la cause qu'ils voulaient avancer, que tous ses adversaires réunis.

Les éléments de la science sociale embrassent les sujets suivants :

1. Connaissance des ***Lois de la nature humaine*** dérivées

de faits démontrables, qui prouvent que l'homme est un être essentiellement sociable.

Ce n'est que par un examen attentif de ces Lois que l'homme peut acquérir une connaissance exacte et étendue de sa propre nature. Sans cette connaissance, il n'est qu'un pur animal, gouverné par des notions imaginaires suggérées par ses instincts inexpérimentés, qui, jusqu'à présent, l'ont conduit dans un labyrinthe d'erreurs, dans lequel erre encore la majorité des hommes. C'est donc avec raison que les anciens ont dit que la plus importante étude pour l'homme consiste à se connaître lui-même.

Ces Lois de la nature humaine ont été énumérées déjà : nous allons les récapituler.

1. L'homme naît aujourd'hui, comme par le passé, faible et ignorant, mais avec les germes des facultés physiques, intellectuelles et morales.

2. Il ne crée aucune de ces facultés, et il ne sait par quel pouvoir elles sont formées et combinées dans son organisation.

3. Les germes de ces facultés sont combinées en proportions diverses, dans chaque individu, avant sa naissance, et sans sa connaissance ni influence.

4. Ces facultés, ainsi formées et combinées, croissent et se développent peu à peu, et reçoivent les impressions qui forment le savoir et l'expérience.

5. Il ne dépend pas des connaissances ou des forces de l'individu de déterminer ni les *qualités* et *facultés* physiques, intellectuelles et morales qui constituent l'individu en naissant, et qui sont la matière première ou fondation sur laquelle son caractère subséquent est formé ; ni l'espèce et les qualités des *objets* qui font leurs impressions sur les facultés qui se développent; ni les *effets* produits par ces objets sur les qualités et facultés qui ont été données à chacun.

6. L'homme est *contraint de croire* suivant la plus forte conviction de son esprit, et *forcé de sentir* comme le veut son organisation.

Ainsi le nombre et l'espèce des facultés; leurs qualités et combinaisons; les objets qui impressionnent ces facultés; et la capacité d'éprouver ces impressions, de la manière particulière à l'individu, sont tous formés *pour*, et non *par*, chaque être humain; de cette manière son caractère lui est *imposé*, et formé *pour* lui, sans son consentement ni choix.

Telles sont les Lois invariables de la nature humaine. Mais l'homme, avant d'avoir l'expérience, a voulu se rendre compte des causes et effets des impressions nouvelles, et de sa propre nature. Il s'est laissé aller à son imagination, il a fait des conjectures qu'il a prises pour des vérités, et pour bases de ses lois, qui se sont trouvées en opposition aux lois de la nature, et qui ont nécessairement produit un état social, dans lequel il s'efforce de falsifier sa nature, et vit par conséquent dans un état de déception permanente, chacun s'efforçant de cacher aux autres ses véritables pensées et sensations. On arrive ainsi à la conviction que « l'homme est naturellement mauvais; » la nature humaine est flétrie, et les hommes divisés, en opposition, vicieux et irrationnels. Les lois humaines sont de nature à rendre l'homme insociable, à créer des intérêts divisés et opposés, et à exciter la concurrence, la lutte et la discorde. Avec de telles lois, il est impossible qu'il devienne jamais rationnel, charitable, ni capable d'*aimer son prochain*.

II. Principes et pratique de la meilleure manière de *produire* en abondance tout ce qui est nécessaire et utile à l'homme pour rendre la vie agréable.

La science de la production des objets les plus utiles, de la meilleure qualité, et de la manière la plus avantageuse aux producteurs et consommateurs, est une branche très importante de la science sociale.

Les choses les plus utiles, et par conséquent les plus précieuses, sont celles qui sont les plus nécessaires à l'existence humaine et au bien-être social : c'est-à-dire l'air, l'eau, la nourriture, les vêtements, le logement, l'instruction, l'amusement, l'estime et l'affection de nos associés, et la bonne société.

Les moyens de les produire sont : la terre, l'eau, le travail, le talent, le capital et la science. Tous ces moyens existent ; l'homme possède tous les matériaux nécessaires au bonheur, excepté la science de l'*application* et de l'emploi de ceux-ci.

La société contient les plus amples pouvoirs, convenablement appliqués et sagement dirigés, pour produire une surabondance de richesses pour tous, au moyen d'un exercice sain et agréable. Ces pouvoirs scientifiques et mécaniques pourront être décuplés, lorsqu'il sera dans l'intérêt général qu'il en soit ainsi. La certitude de ce fait est la base de l'égalité et du bonheur permanent de tous.

Cet élément est un des plus importants ; mais il existe à l'état chaotique dans les esprits, et d'absurdité dans la pratique. Le pouvoir producteur est partout mal appliqué, et grossièrement gaspillé.

Vivre est le premier besoin de l'homme, et le second est de vivre dans un état d'aisance qui lui permette de développer et d'exercer toutes ses facultés. Les moyens nécessaires sont au pouvoir des gouvernements, et leur devoir consiste à mettre en action les pouvoirs productifs, *de manière que l'existence de chacun soit assurée dans un état permanent de bien-être, avec pleine garantie de sa durée pendant la vie entière.*

III. Principes et pratique de la meilleure manière de *distribuer* ces productions, au plus grand avantage de tous.

Dans la société actuelle, cette branche occupe une grande portion de la population qui n'ajoute rien à la somme des produits. Cette classe comprend les acheteurs et vendeurs, négociants, marchands en gros et en détail, banquiers, courtiers, agents, receveurs de rentes, salaires et impôts. L'intérêt de chacun se trouvant en opposition avec celui des autres, le désir d'acheter à bon marché et de vendre cher produit mille ruses, fraudes, mensonges, querelles, jalousies et misères ; en un mot, un véritable état de guerre sociale.

Dans une société rationnelle, tous ces malheurs disparaîtraient, et la distribution des produits deviendrait très simple et facile, assurant à chacun, *selon ses besoins*, une ample provision d'objets utiles.

IV. Principes et pratique de la formation de la nouvelle combinaison de circonstances pour *élever* l'enfant de manière à en faire l'être le plus rationnel possible.

Cette partie du sujet est la plus importante après celle qui traite des moyens de maintenir l'organisation. Celle-ci est la matière préparée pour la manufacture du caractère humain. Cette fabrique exige une connaissance des principes et de la pratique, fondée sur les lois de la nature humaine. De cette manière, on peut obtenir des résultats certains et constants.

L'éducation, dans le sens ordinaire, ne comprend qu'une partie de la science de la formation du caractère. Jusqu'ici, elle a contribué beaucoup plus à le mal former qu'à le bien former ; car elle n'a jamais réussi à cultiver toutes les facultés de l'homme, de manière à en faire un être sain, intelligent, rationnel, bon et heureux.

Pour bien former le caractère humain, il faut connaître la nature de l'homme, savoir comment les divers caractères nationaux et locaux lui ont été imprimés ; comment un caractère quelconque peut-être donné à tout individu ; un caractère très supérieur à tout ce qu'on a vu jusqu'à présent ; en un mot, il faut connaître *la science de l'influence toute-puissante des circonstances extérieures sur l'homme*, et savoir créer ces circonstances : ceci est une œuvre nationale.

Le premier pas consiste à éclairer les esprits des classes gouvernantes, et à leur démontrer la nécessité et les avantages de ce grand changement, et la méthode à suivre pour le réaliser.

Les gouvernements et les religions sont les deux circonstances les plus influentes dans la formation du caractère national.

Le second pas est donc la réforme des diverses religion pour les ramener, par la douceur et la raison, à celle qui ser mérite le nom de religion, la seule qui puisse jamais produire des avantages réels et permanents pour le genre humain. Celle-là n'est pas un dogme, mais un principe, le plus glorieux de tous. Ce principe, c'est LA VÉRITÉ. Toutes les autres religions ont eu un commencement, et auront bientôt une fin parmi les hommes. Celle de la vérité seule est éternelle et immuable.

Parmi les nombreuses religions, il n'en est pas une qui puisse persuader et amener à elle ceux qui ont été élevés dans des idées différentes ; preuve évidente qu'aucune d'elles ne contient l'évidence extérieure ou intérieure suffisante pour convaincre ses adversaires.

Comment donc reconnaître la vraie religion?

La vraie religion c'est LA VÉRITÉ, et la vérité est ce qui ne change pas avec le temps ; ce qui fut et sera toujours d'accord avec tous les faits connus, ce qui n'est jamais opposé à soi, mais toujours, dans toutes ses parties, en unité et harmonie parfaite, sans une ombre de contradiction.

Pour donner à l'homme une éducation supérieure, il faut prendre pour base la religion de la vérité, ou la pratique conforme aux lois de la nature humaine. Après cela il faut un gouvernement fondé et agissant sur ces mêmes principes.

Comme la formation du caractère de la population sera l'occupation la plus élevée et importante, il faudra choisir pour cet emploi les individus les plus instruits des lois de l'humanité et de la manière de les appliquer; pleins de patience, de persévérance et d'amour de l'enfance, et capables de lui inculquer des habitudes saines, physiques et morales. La première période de la vie, et surtout la première année, est la plus importante au développement de l'homme, et elle exige les soins les plus scrupuleux, les connaissances les plus exactes, et la pratique la plus éclairée.

Il est donc évident qu'une école normale est indispensable pour instruire ceux qui doivent former les autres, encore plus par leur exemple que par leurs préceptes. Il faut surtout se garder de rien apprendre aux enfants qu'ils seraient plus tard forcés de *désapprendre ;* la chose du monde la plus difficile.

Comme la nature excite l'enfant à une activité incessante de corps et d'esprit, elle doit être dirigée de la manière la plus avantageuse. Il ne doit jamais rester oisif, mais aussi ne pas être astreint ou poussé à un exercice excessif de ses facultés, mais habitué à des occupations alternatives, physiques et intellectuelles. A cet effet, tout établissement d'éducation doit renfermer les dispositions nécessaires pour l'exercice de diverses. occupations manuelles et scientifiques, industrielles, agricoles et artistiques.

L'éducation actuellement donnée par le gouvernement et l'église, et surtout ce qu'on nomme *érudition*, cause une perte énorme de santé, de forces, de richesses et de bonheur.

V. Principes et pratique de la meilleure manière de *gouverner* l'homme, dans ces nouvelles circonstances, comme membre de la grande famille humaine.

Aucun des gouvernements qui ont existé jusqu'à présent n'a pu assurer le bonheur général des gouvernés; ce n'est pas leur faute, c'est un malheur provenant de l'ignorance.

Le gouvernement de transition, celui qui doit former la population de manière à devenir rationnelle, diffère de celui qui la dirigera lorsqu'elle sera ainsi régénérée.

Le premier, qui doit être formé par l'élection des individus les plus éclairés et capables d'effectuer la réorganisation, doit être parfaitement instruit des causes du bien et du mal; actif et énergique pour introduire l'un et détruire l'autre. Il doit connaître à fond les lois de la nature humaine, afin que toutes ses lois et institutions soient en tout point conformes à celles-ci. Il doit être également versé dans les sciences de la production et distribution des richesses et de l'éducation.

Sous le gouvernement rationnel, le principe d'élection sera remplacé par une nouvelle classification. Sous ce régime, ses fonctions seront infiniment plus simples et agréables à remplir. Son principal soin sera de veiller à ce qu'il ne s'introduise dans les lois et institutions rien d'irrationnel, ou contraire aux lois naturelles. Il aura à sa disposition toutes les facilités pour acquérir une connaissance exacte de tout ce qui est nécessaire pour produire le bien-être des gouvernés, qu'il regardera et traitera comme ses enfants; et il s'efforcera de porter au plus haut degré les forces, l'intelligence et la prospérité de la grande famille.

VI. Principes et pratique de *la combinaison* en un seul système général, de ces diverses parties de la science sociale, en proportions convenables, pour assurer à tous la plus grande somme d'avantages et jouissances, avec le moins de désavantages possible.

Jusqu'ici la société a été une scène de désordre et de confusion, sans union entre les parties, sans ordre, harmonie, ni prévoyance dans ses procédés. Point d'objet général défini, point de but intelligible. L'homme est resté isolé, n'ayant d'autre guide pour ses pensées et ses actions, que des idées restreintes de son intérêt supposé ou de celui de sa famille, ou petit cercle local dont il forme le centre. Il est possédé d'un désir insatiable d'amasser ce qu'on appelle richesses, persuadé que ce mot est synonime de bonheur, qui doit nécessairement s'en suivre.

Cette période d'égoïsme aveugle et ignorant approche de sa fin. Il devient de jour en jour plus évident qu'il est beaucoup plus facile de produire et distribuer une abondance de richesses, et bien élever et gouverner la population par *l'union* des hommes, habitués à coopérer et s'entr'aider dans un seul intérêt défini et bien compris, que par la *division* et l'opposition d'intérêts.

Il a paru, depuis Platon, un grand nombre de systèmes sociaux, qui sont restés à l'état d'utopie, parce que tous les principes indispensables pour fonder une société unie d'une manière permanente, n'étaient pas connus de leurs auteurs. Ils ont été rejetés comme imaginaires, et on a conclu qu'un système social, capable d'assurer l'union et le bonheur de l'humanité, est impossible. Cependant, plusieurs de ces principes ont été connus aux sages des siècles passés, mais séparés, isolés, ne formant pas un tout harmonieux, et incapables d'être mis en pratique. *Les philosophes ou théoriciens ont ignoré les mesures pratiques et les principes qui doivent les diriger, tandis que les hommes engagés dans les opérations pratiques et les affaires sociales n'ont eu que peu de connaissance des principes de la nature humaine, ou des causes qui règlent la formation du caractère.* Il est difficile de convaincre ces deux classes de la possibilité de former, par l'union de ces connaissances et principes, un système capable d'assurer le bien-être permanent universel.

Pour réaliser les principes qui forment la science sociale, il serait à désirer que le gouvernement établît plusieurs noyaux ou associations modèles, contenant de 500 à 2,000 habitants, dans des bâtiments convenables, pour produire et conserver une variété de produits, et élever et donner aux enfants une éducation conforme. Chaque établissement posséderait un terrain suffisant pour nourrir la population et combiner l'agriculture, le jardinage, les arts et métiers, et en certains cas, les mines et la pêche. Tous les plans et détails d'une telle association ont été donnés par l'auteur, sous le titre de: *Développement des principes et plans pour la formation de colonies à l'intérieur.*

VII. Nouvelle *classification* de la société, suivant l'âge et l'expérience, conformément aux lois éternelles de l'humanité.

Puisque tous les hommes naissent ignorants et sans expérience, et reçoivent leurs connaissances des instincts naturels qu'ils ont en naissant, et des objets extérieurs, animés et inanimés qu'ils ne créent pas, *ils ont tous, de leur nature, des droits égaux.*

Les distinctions de classe et de rang sont artificielles, et ont été imaginées et adoptées par les hommes dans l'état d'ignorance, inexpérience et irrationalité. L'erreur et les désavantages de cette classification ont été exposés, et nous proposons des mesures pour la remplacer peu à peu par des divisions plus naturelles, selon lesquelles la société doit se classer dans l'intérêt général.

Le classement naturel et rationnel se ferait d'après l'âge; chaque classe ayant des fonctions à remplir auxquelles chaque âge est le plus propre par nature.

C'est par ce système seul qu'il est possible de garder inviolables les droits naturels de l'égalité. Il calmerait les mauvaises passions, mettrait fin aux disputes et luttes, particulières et publiques, individuelles et nationales, touchant des choses de nulle importance au bonheur social; il introduirait l'ordre et la sagesse dans les affaires humaines, et un nouvel esprit de justice et de bienveillance. Il n'y aurait aucune espèce de fonction qui ne serait exécutée avec plaisir par tous à l'âge convenable.

On ne peut fixer d'une manière exacte, avant plus ample expérience, la division précise d'âges, pour la meilleure classification. Comme approximation on peut prendre les intervalles suivants.

1re Classe. — *Depuis la naissance jusqu'à 5 ans.*

Température et habillement convenables; nourriture saine; exercice régulier en bon air. Les enfants se familiariseront avec divers objets, et acquerront des connaissances exactes au moyen d'explications simples et vraies. On les encouragera à exprimer librement leurs pensées et sensations, et à regarder celles des autres comme des instincts naturels, ce qui leur inculquera les éléments de la charité et de l'affection pour les autres. Ils ne connaîtront ni les récompenses ni les châtiments, et seront exempts de crainte, et confiants en tous leurs semblables. Le sentiment naturel d'égoïsme sera dirigé de manière à tirer sa plus grande satisfaction du bonheur d'autrui.

De cette manière on posera les fondements d'un esprit sain, des bonnes habitudes et manières, d'une disposition excellente, et de quelques connaissances utiles. Ils penseront, parleront et agiront raisonnablement pour leur âge; ils seront bien portants et actifs; ils auront peu de *fantaisies* mais beaucoup *d'idées exactes*, d'accord entr'elles, et conformes à tous les faits connus.

2me Classe. — *De 5 ans à 10.*

Les enfants seront logés, vêtus et nourris comme les précédents, avec les différences qu'exige leur âge. Leur exercice consistera en occupations d'une utilité permanente, beaucoup plus amusantes que les jouets. Leur savoir s'étendra par l'inspection et la manipulation d'objets, et par la conversation de plus expérimentés qu'eux. Ils aideront dans le ménage, les jardins et ateliers et autres emplois conformes à leur âge et forces.

3me Classe. — *De 10 ans à 15.*

Ils s'occuperont dans la maison, le jardin et l'atelier. Ils acquerront une connaissance plus intime des principes et de la pratique des arts de la production des richesses, produits du sol, des mines et pêches ; la préparation des aliments ; la préparation des matériaux pour vêtements, bâtiments, meubles, machines et outils. Dans ces opérations, ils seront aidés par toutes les connaissances scientifiques et puissances mécaniques de la société, et par les membres plus âgés. Les occupations seront réglées de manière à accroître leurs forces physiques et intellectuelles, et à contribuer à la santé du corps et de l'esprit. Ils feront aussi des progrès dans toutes les sciences.

4me Classe. — *De 15 ans à 20.*

Dans cette période intéressante, les membres deviendront hommes et femmes d'une nouvelle race, supérieure en qualités physiques, intellectuelles et morales. Dans cette classe se formeront et déclareront les sentiments de préférence et d'affection, sans mystère ni déception, ni obstacles artificiels. Les unions se formeront conformément à des dispositions établies par les hommes de la plus grande sagesse et expérience, et propres à assurer à la société et aux individus la plus grande somme d'avantages. L'unique motif de ces unions sera un sincère attachement, qui sera beaucoup plus durable, et produira infiniment plus de bonheur que sous aucun des systèmes soi-disant moraux. En cas de nécessité, il sera facile de trouver un mode de dissoudre l'union conjugale qui n'entraînera aucun inconvénient.

Cette classe sera très active dans la production, et dans l'instruction des classes inférieures en âge.

5me Classe. — *De 20 ans à 25.*

Ceux-ci formeront la plus haute classe de la production et de l'instruction, dont ils seront les directeurs dans tous les départements.

6me Classe. — *De 25 ans à 30.*

La principale occupation sera la conservation et la distribution des richesses, ce qui n'occupera probablement pas plus de deux heures par jour. Le reste du temps pourra se passer à visiter les établissements, pour voir les progrès, et s'il est possible d'y introduire des améliorations ; à poursuivre leurs études dans les sciences et beaux-arts, expériences, lectures, conversation et à l'acquisition de talents d'agrément ; à visiter les communautés voisines.

7me Classe. — *De 30 ans à 40.*

Cette classe se chargera du gouvernement de l'intérieur, qui ne sera ni difficile ni pénible, par suite de l'absence de toutes les causes de discorde, haine, jalousie, et misère qui affligent la société actuelle. Elle se divisera en sous-comités de direction des divers départements, de la manière que l'expérience indiquera.

8me Classe. — *De 40 ans à 60.*

Après avoir pourvu à la production, à l'éducation et au gouvernement intérieur, il est nécessaire de relier chaque communauté avec les autres, par ce qu'on peut appeler le gouvernement extérieur. Les membres de cette classe auront acquis tout le savoir et l'expérience nécessaires. Ils recevront les visiteurs, correspondront avec les autres établissements, régleront les moyens de transport, l'échange des produits superflus et des inventions et améliorations. Ils voyageront pour recevoir et communiquer des renseignements, et partout ils trouveront des amis et une abondance d'objets nécessaires et agréables.

QUATRIÈME PARTIE.

GOUVERNEMENT ET LOIS.

Un gouvernement rationnel ne s'occupera que du bonheur des gouvernés.

Il approfondira la nature de l'homme, — s'informera des lois de son organisation et de son existence, depuis la naissance jusqu'à la mort; — de ce qui est nécessaire pour le bonheur d'un être ainsi constitué; — quels sont les meilleurs moyens d'obtenir ce nécessaire, et de l'assurer constamment à tous; et il déterminera et exécutera toutes les dispositions essentielles à la félicité universelle.

Tous les systèmes sociaux jusqu'à présent essayés ont été fondés sur des bases fautives et erronées.

Une réorganisation de la société est donc indispensable, si l'homme doit être rendu rationnel, bon et heureux. Il faudra changer toutes les institutions, et donner une nouvelle direction aux sentiments, idées et actions des hommes.

Cette régénération de l'homme et de la société serait difficile, sinon impossible, si elle n'était fondée sur des principes éternellement vrais, et dont les conséquences seront immensément avantageuses pour tous.

I.

PRINCIPES GÉNÉRAUX.

Les principes d'un bon gouvernement ne peuvent être déduits que de vérités universelles, comme les suivantes :

1. L'homme naît faible, ignorant et sans expérience, mais

capable d'être rendu, par des circonstances favorables ou défavorables, rationnel ou irrationnel.

2. Son existence se continue par l'application des circonstances extérieures qui agissent sans cesse sur son organisation primitive, et la modifient au physique et au moral.

3. Il acquiert ses connaissances par l'influence des circonstances extérieures qui agissent sur les facultés et instincts dont il est doué en naissant.

4. Ces facultés et instincts sont généralement les mêmes chez tous les hommes, mais combinés en proportions différentes.

5. Ces qualités et instincts sont capables de recevoir, dans l'enfant, une direction indéfinie, et d'être combinés à l'infini par une société unie dans le but d'arriver à un résultat praticable quelconque.

6. Les circonstances favorables ou défavorables, agissant depuis l'enfance, ont une influence toute-puissante pour former un caractère favorable ou défavorable.

7. Il est de l'intérêt du genre humain de ne pas tolérer l'existence de circonstances défavorables; et la société unie possède un pouvoir illimité de les écarter, et de les remplacer par celles de nature contraire.

8. La génération adulte forme presqu'entièrement le caractère de la génération suivante, et il est de l'intérêt de tous de ne former que des caractères supérieurs.

9. Sans l'égalité dans l'éducation et la condition de tous, il ne peut exister ni vertu, ni paix et félicité permanentes; les sciences mécaniques et chimiques rendent cette égalité facile à établir et à conserver.

10. Tous ceux qui naissent doués d'une organisation saine, peuvent être élevés et employés de manière à former des membres de la société utiles et précieux; ceux qui naissent maladifs ont droit à la sympathie et aux tendres soins de la société, pour remédier à leurs défauts.

11. Tous étant ainsi élevés et employés, il sera facile de créer, avec plaisir, une surabondance de richesses pour tous, sans luttes et sans sentiments et actions désagréables.

12. La misère, le crime et la souffrance proviennent uniquement de ce que l'homme ignore sa propre nature, et les pouvoirs actuellement existant dans la société pour détruire les *causes* de ces maux.

13. L'ignorance, la misère, la désunion, les passions nuisibles, le vice, le crime et la souffrance peuvent maintenant être *empêchés*, chez tous les peuples, par une réorganisation sociale sur des principes fondamentaux vrais.

14. La guerre est devenue un mal absolu ; ce qu'elle perd en hommes, richesses et travail, est plus que suffisant, rationnellement employé, pour assurer le bien-être du genre humain.

15. Science, moralité, justice et bonheur ne peuvent jamais coexister avec la guerre, la violence et la destruction des richesses.

16. La désunion est la cause des plus grands maux, et la manière la plus absurde de conduire les affaires.

17. Par l'union sincère des hommes et des peuples, les plus grands avantages seront obtenus pour l'humanité, et la plus grande économie dans les affaires de la vie.

18. Inutilement et en vain essaierait-on de former cette union entre les hommes, tant qu'ils seront forcés de recevoir les fausses notions : 1° que l'homme se forme lui-même ; 2° qu'il forme ses convictions ; 3° qu'il forme ses sentiments. Tant que ces absurdités lui seront enseignées, l'homme ne pourra devenir qu'un être irrationnel et violent, opposé à ses semblables, et agissant toujours contrairement à son bonheur et à celui de tout ce qui l'entoure.

19. En élevant l'homme dans la connaissance de sa propre nature, humaine et sociale, et en créant des circonstances telles qu'il puisse agir conformément à cette nature, il sera possible d'établir et de maintenir l'union parmi les hommes.

20. Au moyen d'un système social scientifique, il sera facile de produire, avec plaisir, une surabondance de richesses.

21. Le monde ne pourra jamais être bien et paisiblement gouverné, ni l'union maintenue, tant que les gouvernants seront élus ou choisis.

22. Les luttes, dans une société irrationnelle, concernent la production, conservation, distribution et consommation des richesses, les opinions politiques et religieuses, les objets d'ambition et les femmes.

23. Il existe une connaissance suffisante de la nature humaine et sociale pour détruire les causes de ces luttes, dès qu'elle sera généralement répandue, et pratiquée avec conséquence.

24. Les disputes concernant les richesses cesseront aussitôt qu'il sera fait des dispositions pour en produire une surabondance d'une manière facile et attrayante.

25. Toute contestation religieuse se terminera dès qu'il sera reconnu que tout ce que nous savons, c'est que : *Il a y un pouvoir dans l'univers qui effectue tout ce qui s'y passe; mais la nature de ce pouvoir, et ce qui le fait agir, est inconnu à l'homme.*

26. Toutes les contestations politiques cesseront dès qu'il sera assuré à chacun tous les avantages dont il pourra jouir, et qu'il sera reconnu que les opinions dépendent, *non de la volonté, mais des convictions.*

27. Les luttes d'ambition cesseront, lorsque les objets de la plus haute ambition seront assurés à tous, de manière à les rendre supérieurs en science, sagesse et pouvoir, à aucun souverain qui ait jamais régné.

28. La cause des disputes entre hommes, au sujet de l'autre sexe, et réciproquement, cessera lorsque tous seront élevés de manière à devenir êtres rationnels, connaissant leur propre nature, et sachant que l'amour, l'indifférence et l'aversion ne sont pas des actes de la volonté, mais des instincts naturels.

29. *L'organisation et le gouvernement de la société seront donc fondés sur la certitude que l'homme ne forme ni sa personne, ni ses opinions, ni ses sentiments.*

II.

CODE POUR LE GOUVERNEMENT DU GENRE HUMAIN SOUS LE SYSTÈME SOCIAL RATIONNEL.

Ce code émane des trois Lois fondamentales de la nature humaine, qui lui servent de base.

1. L'homme ne forme aucune partie de son organisation physique, intellectuelle et morale.

2. Il est forcé d'éprouver les sensations de plaisir ou de peine, d'amour ou d'aversion, qui lui sont imposées par son organisation naturelle et son caractère formé par l'éducation.

3. Il est forcé de croire suivant la plus forte impression faite sur son esprit.

1. *Lois universelles.*

Les lois suivantes sont conformes à celles de la nature :

1. Chacun sera libre d'exprimer ses opinions sur tous les sujets.

2. Nul n'aura le droit d'influer sur les opinions ou croyances d'autrui, excepté par le raisonnement loyal.

Nul homme, nul corps d'hommes, n'a le droit de régir la croyance d'autrui, autrement que par la discussion soutenue avec un esprit fraternel et bienveillant. La prétention d'imposer ses opinions à autrui prouve une ignorance grossière des lois de la nature de l'homme, et une incapacité totale pour la direction des affaires humaines.

3. Il ne sera attribué ni mérite ni démérite, ni récompense ni punition, à cause d'aucune opinion ou croyance.

4. Le genre humain étant imbu de diverses superstitions, chacun aura le droit d'exprimer ses opinions au sujet du pouvoir incompréhensible qui meut l'atôme et l'univers, et d'adorer ce pouvoir sous quelque nom ou forme qu'il lui plaira, à condition d'accorder le même droit à autrui.

2. *Entretien et Éducation.*

5. Tous seront également pourvus de tous les objets utiles, de la meilleure qualité, au moyen d'une organisation sociale qui donnera la meilleure direction à l'industrie et aux talents de chacun.

Les grandes inventions modernes, les améliorations progressives, et le progrès continu dans les sciences et arts, chimiques et mécaniques, qui, sous le régime de l'individualisme, ont augmenté la misère et l'immoralité des producteurs industriels, sont destinés, *après avoir causé bien des souffrances*, à détruire la pauvreté, l'immoralité et la misère. Les machines et les sciences sont appelées à faire tous les ouvrages pénibles et malsains, laissant aux êtres humains des occupations saines et agréables seulement.

6. Il sera donné à tous, pendant toute la vie, la meilleure éducation possible, physique, intellectuelle et morale.

7. Le même système général d'éducation, d'enseignement domestique et d'occupations sera applicable à tous, suivant l'âge, la force et les capacités.

L'essence de la justice consiste en ceci : « *Nul n'a le droit d'exiger qu'un autre, du même âge, fasse pour lui ce qu'il ne voudrait pas faire pour celui-là ;* en d'autres termes : *Tous les hommes ont, par nature, des droits égaux.* »

8. Tous les enfants, depuis la naissance, seront confiés aux soins spéciaux de la communauté où ils naissent : mais leurs parents auront accès libre auprès d'eux à tous les instants convenables.

9. Tous les enfants de la même communauté seront élevés ensemble, comme enfants de la même famille, et sans partialité. On leur enseignera, de bonne heure, les principes fondamentaux de la nature humaine, et leur application conséquente à la pratique en toute occasion.

10. Chacun sera encouragé à exprimer les sentiments et convictions que sa nature l'oblige à éprouver ou, en d'autres termes, à dire la vérité en toute occasion.

11. Les individus des deux sexes seront égaux en éducation, droits et liberté personnelle. Les unions se feront conformément aux sympathies générales de leur nature, sans l'influence des distinctions artificielles, et elles dureront aussi longtemps qu'il sera possible à des êtres rationnellement formés de les faire durer, dans les circonstances les plus favorables à leur permanence. Mais les individus mariés ne pourront être forcés de vivre dans l'intimité après qu'il aura été constaté, d'une manière convenable, qu'ils ne peuvent plus sentir d'affection mutuelle.

3. *Dispositions générales.*

12. Sous le Système Rationnel, après que les enfants auront été élevés de manière à acquérir de nouvelles habitudes et de nouveaux sentiments, fondés sur la connaissance des lois de la nature humaine, il n'y aura plus de propriété individuelle.

Quelle qu'ait été la nécessité, ou l'utilité, de la propriété personnelle, elle n'existe plus, et la propriété est actuellement un mal absolu, la seule cause de la pauvreté et de mille crimes et souffrances, d'égoïsme et prostitution, orgueil, injustice, oppression, déception, lutte et discorde.

Dès que la société sera réorganisée sur les principes fondamentaux, et qu'il existera des arrangements conformes à la science sociale pour produire, conserver et distribuer la richesse, former le caractère et gouverner, il sera facile de produire et distribuer à tous une grande surabondance de richesses, et cela comme passe-temps et exercice agréable. Il n'y aura plus de motif de se fatiguer du soin de la propriété; vouloir l'accumuler serait aussi insensé que de vouloir mettre en bouteille un fleuve qui ne tarit jamais.

13. Lorsque les membres de ces associations auront été élevés dans la connaissance des lois de leur nature, dans l'habitude de leur obéir, dans des circonstances conformes à ces lois, il n'y aura plus de récompenses ni de punitions, autres que celles infligées par la nature, dans les cas d'excès.

Quand les CAUSES *du mal seront détruites, le mal cessera, et pas avant.*

14. La société se formera par l'union de familles en communauté ou association d'hommes, femmes et enfants, en proportions ordinaires, et en nombres variables, depuis 500 jusqu'à 2,000 ou 3,000, suivant les circonstances.

Par cet arrangement, on jouira de tous les avantages offerts par les grandes villes, tout en évitant leurs désavantages.

15. A mesure que ces communautés, ou grandes familles, augmenteront en nombre, elles s'uniront par dizaines, centaines, milliers, etc., suivant le plus ou moins d'étendue des objets et intérêts, locaux ou généraux, qui exigeront leur attention et direction.

16. Chacune de ces communautés sera entourée d'un terrain suffisant au maintien de tous ses membres, même portés au maximum.

17. Ces associations seront organisées de manière à assurer à tous les membres, autant que possible, les mêmes avantages, et les communications les plus faciles entr'elles.

4. *Gouvernement et devoirs du Conseil.*

18. Chaque communauté sera gouvernée, dans le département de l'*intérieur*, par un conseil général, composé de tous les membres âgés de trente à quarante ans; et chaque département

sera dirigé par un comité, composé de membres du conseil général, choisis par celui-ci dans un ordre à déterminer, et pour le département *extérieur* ou *étranger*, par tous les membres de quarante à soixante ans.

Nul ne peut bien *gouverner* sans avoir bien *servi*. Chacun doit apprendre à bien exécuter les opérations qu'il sera appelé à diriger. L'âge de la production et de l'acquisition des connaissances pratiques sera depuis l'enfance jusqu'à vingt ans; de vingt à vingt-cinq, on enseignera aux autres les plus hautes branches scientifiques et la pratique des affaires sociales; de vingt-cinq à trente, on s'occupera de la conservation et distribution des richesses. Chacun sera ainsi préparé à devenir membre du comité du gouvernement intérieur, et à en remplir les fonctions pendant dix ans.

De cette manière, le gouvernement ne vieillira jamais, mais sera toujours dans la vigueur de la jeunesse et la force de l'expérience.

19. Lorsque tous les membres de la communauté seront devenus capables de prendre part aux devoirs du conseil général, il n'y aura plus choix ni élection d'aucun membre du conseil.

20. Tous les membres élevés dans la communauté seront appelés, à trente ans, à remplir leur part des devoirs dans le gouvernement de l'intérieur; à quarante, ils devront remplir les devoirs du département extérieur, jusqu'à soixante ans; à cet âge, ils en seront excusés.

21. Les devoirs du conseil général à l'intérieur seront de gouverner tous les arrangements dans les limites de la communauté; d'organiser la production, la distribution, l'éducation; d'éloigner les circonstances défavorables au bonheur, et de les remplacer par les plus avantageuses qu'il soit possible d'inventer ou d'apprendre dans les autres communautés.

Les devoirs du conseil à l'extérieur seront de recevoir les visiteurs ou délégués des autres associations; de communiquer avec celles-ci, les visiter, et arranger les meilleurs moyens de former les communications, et d'échanger le surplus de produits; de voyager, pour donner et recevoir des renseignements sur les inventions, améliorations et découvertes, et autres sujets utiles au bonheur social; d'aider à établir de nouvelles communautés avec la population surabondante; d'envoyer des députés à l'association de communautés dont ils formeront partie.

22. Les membres du conseil général auront plein pouvoir en toutes choses dans le ressort de leur gouvernement, tant qu'ils agiront conformément aux lois de la nature humaine, qui leur serviront de guide en toute occasion.

23. Tous les individus qui auront reçu une éducation et une position conformes aux lois de leur nature, devront nécessairement penser et agir d'une manière rationnelle, à moins d'être frappés de maladie physique, intellectuelle ou morale; auquel cas le conseil les fera entrer dans une maison de santé, où ils resteront jusqu'à ce qu'ils soient rendus à la santé par le traitement le plus doux possible.

24. Toutes les fois qu'il sera nécessaire, le conseil appellera à son secours les avis et talents pratiques de membres qui n'en forment pas partie.

25. S'il arrivait jamais que le conseil général voulût déroger aux lois de la nature humaine (ce qui n'est guère possible), les anciens ayant passé le conseil convoqueraient une assemblée générale de tous les membres de la communauté, entre seize et trente ans, pour examiner avec calme et patience la conduite du conseil. Si la majorité des jeunes et anciens déclare que le conseil a agi en opposition aux lois naturelles, le gouvernement passera entre les mains des membres âgés de plus de soixante, et de ceux entre vingt et trente.

Tous les autres différends, s'il s'en élève, seront amicalement ajustés par la décision de la majorité de trois anciens membres du conseil de l'extérieur.

CONCLUSION.

1. Le moment favorable pour introduire le Système Rationnel, pour réformer le caractère de l'homme, et pour gouverner la population du monde dans l'unité, la paix, le perfectionnement et le bonheur progressif, s'approche à grands pas ; nul pouvoir humain ne pourra empêcher ce changement.

Les signes précurseurs sont évidents : l'état des pays les plus avancés en science, en richesse et en puissance, qui ne sont cependant encore qu'à l'état de germes, et où la majorité la plus industrieuse de la population est dans la souffrance ou dans la crainte du besoin ; l'anomalie des extrêmes de savoir et d'ignorance, de richesse et de pauvreté, du luxe le plus effréné et du dénûment le plus absolu ; les innombrables découvertes et améliorations scientifiques et mécaniques qui, tout en augmentant toutes les forces productrices, diminuent tellement la valeur du travail que le travailleur n'en peut obtenir le nécessaire ; enfin la misère et la dégradation croissantes des masses, pendant que la richesse et le pouvoir des nations augmentent ; — toutes ces circonstances démontrent qu'une réorganisation sociale est nécessaire et inévitable. A cela on peut ajouter le peu de succès des diverses formes de gouvernement, l'intelligence et le mécontentement croissants des populations, et l'urgence, reconnue par tous, d'une grande amélioration de l'éducation nationale (*).

2. Les gouvernements se trouveront bientôt forcés, en leur propre défense, d'adopter ce système supérieur, pour éviter d'être plongés dans l'anarchie, la guerre civile et la destruction.

(*) Aujourd'hui on pourrait ajouter la dissémination journellement croissante d'idées socialistes de diverses nuances, qui produisent, surtout dans les classes ouvrières, la ferme conviction *qu'elles ne sont pas traitées avec justice par la société*. T.

Il n'est pas de l'intérêt d'un seul être humain que l'état actuel irrationnel continue pendant un seul jour. Basé sur l'erreur et maintenu par la force et la fraude, il a produit une infinité de maux, et a rendu les millions esclaves, corps et esprit, du petit nombre gouvernant. Mais les reproches et invectives pour la déplorable conduite des hommes du passé sont inutiles et déplacés, puisqu'elle a été la conséquence *inévitable* des circonstances. Le passé a été nécessaire pour produire le présent, comme celui-ci l'est pour produire l'avenir. Cependant l'esprit public est éveillé ; il se demande si le système actuel est capable d'assurer le bien-être, la félicité du genre humain, gouverneurs et gouvernés. La guerre, le pillage et la destruction se continuent, tandis que les masses, avançant en intelligence et dans le sentiment de leur force, commencent à réfléchir sur les faits et à en tirer des conclusions, et sont sur le point de s'unir. Combien il est donc nécessaire que les gouvernements se hâtent de leur donner de l'éducation, de les employer et de les rendre rationnelles, avant qu'elles n'aient découvert leur puissance et la cruelle injustice avec laquelle leurs droits naturels ont été sacrifiés au pouvoir du petit nombre. Ce serait en vain que les gouvernements, augmentant leurs armées et marines et encourageant les superstitions, voudraient former une alliance impie pour prolonger, pendant un peu de temps, le règne du système actuel ; s'ils étaient assez aveugles pour méconnaître le progrès irrésistible des grands changements naturels, le jour n'est pas éloigné où les peuples, se levant dans leur puissance, proclameraient que les hommes ne seront plus régis par la force et la fraude, ne seront plus dressés depuis la naissance à être esclaves, corps et esprit, du petit nombre, mais qu'il en sera fait des êtres rationnels, égaux en éducation et condition suivant l'âge, et gouvernés par les seules lois de la science et de la charité, conformément aux justes et bienveillantes lois de la nature.

3. Ce changement déracinera et détruira entièrement l'ancien système social, vicieux et déplorable, d'ignorance, de misère, de concurrence et luttes individuelles et de guerres internationales, dans le monde entier ; il y substituera le Système Rationnel,

sous lequel la discorde et la guerre cesseront pour toujours, et tous seront élevés dans le désir d'avancer le bonheur de leurs semblables.

4. La meilleure manière de commencer ce système consiste à convaincre les gouvernements de la vérité des principes sur lesquels il est fondé. Il faut aussi qu'il se trouve un nombre suffisant d'individus imbus de l'esprit d'une véritable charité et philanthropie, et instruits de la meilleure manière de l'appliquer à la pratique. Ils doivent également posséder la patience et la persévérance, afin de surmonter tous les obstacles qui s'opposeront à leur progrès ; mais il faut surtout qu'ils soient parfaitement unis, qu'ils aient pleine confiance les uns dans les autres, et qu'ils soient dirigés par un seul cœur et un seul esprit.

Un changement total dans les idées et la conduite des individus et de la société entière, est un ouvrage qui, évidemment, ne peut être accompli par des esprits et des moyens ordinaires. La découverte que la société a jusqu'ici été basée sur l'erreur est une des plus grandes qu'on ait jamais faites. C'est une loi naturelle que ce qui est nouveau et différent des institutions et coutumes établies, est d'abord repoussé avec une violence proportionnée aux préjugés ou à l'ignorance des adversaires. Cependant le nouveau système a rencontré moins d'opposition que son auteur n'avait prévu, quoiqu'il ait naturellement été dénoncé comme un homme fou et très immoral. Mais ce n'est pas par la violence ou les injures qu'il sera possible de surmonter les obstacles et convaincre les adversaires, mais par le savoir, la douceur et la bienveillance, qui sont les armes données par la nature, et qui, sagement employées dans la cause de la vérité, détruiront les préjugés les plus enracinés. Ce n'est pas de cette manière qu'on a toujours attaqué les gouvernements ; mais, au contraire, quelque faction, possédant peu de connaissances et encore moins de douceur et de bienveillance, a recours aux mesures, civiles ou militaires, les plus hostiles pour renverser le pouvoir gouvernant, et lorsqu'elle réussit, continue les mêmes principes de force et de fraude, avec quelque petit changement seulement dans l'application. Ceux qui désirent remplacer le système actuel par le Système Rationnel n'agiront pas de la sorte. Il faut commencer par convaincre gouverneurs et gouvernés de la vérité et de la valeur des principes, sans quoi le succès est impossible. Le pas suivant, également difficile, consiste à leur expliquer clairement toutes les mesures nécessaires pour effectuer avec ordre, sagesse et prévoyance, la transition du système faux au système vrai; et il faudra persévérer patiemment dans cette voie, sans considérations personnelles. Ceux qui ont le capital nécessaire, et un cœur et un esprit capables de l'employer avantageusement, pourront adopter des mesures plus pratiques pour créer un exemple à suivre. Les individus d'esprit et mœurs ordinaires ne sont nullement propres à la formation d'un établissement si difficile à créer, si important dans ses conséquences. Il faudrait donc choisir un nombre suffisant d'individus dans les classes inférieures et moyennes, et leur donner une connaissance parfaite des principes du système à exécuter. Ils devront s'attendre à beaucoup d'obstacles et de désagréments, qu'ils ne pourront vaincre que par une persévérance et une patience sans bornes. Sans ces qualités, — sans une entière confiance mutuelle, — sans unité de sentiments, de but et d'efforts, — sans être dirigés par un seul esprit, l'intérêt du système étant au-dessus de toute autre considération, — et sans avoir à cœur uniquement le bien-être et le bonheur général, le progrès serait lent et incertain. Cette harmonie d'esprit, de cœur et de pratique est indispensable au succès de l'expérience, outre le savoir et la bienveillance individuels. Le choix des membres, pour cette grande œuvre, exige donc le plus grand soin; car il ne doit pas y entrer un seul qui ne soit parfaitement imbu des principes, et capable de les appliquer avec fermeté à la pratique dans toutes les occasions.

5. Dans le système social irrationnel, passé et actuel, en opposition avec la nature, la grande majorité des circonstances extérieures a un caractère vicieux et inférieur. Dans le Système Rationnel proposé, conforme à la nature, toutes les circonstances dans le pouvoir de l'homme auront un caractère vertueux et supérieur.

LA SECONDE VENUE DE LA VÉRITÉ.

La première grande vérité, proclamée par l'esprit le plus avancé, à une époque reculée du passé, fut celle-ci : « Pour que les hommes deviennent sages, bons et heureux, il faut qu'il y ait charité et bienveillance universelles ; il faut qu'ils apprennent à aimer les autres comme ils s'aiment eux-mêmes, et alors il y aura sur la terre paix et bon vouloir envers tous ; » et pas avant.

Mais les *causes* qui empêchaient la création de la charité et de la bienveillance universelle, — qui retenaient les hommes dans l'ignorance, le vice et la souffrance, — les forçant à se haïr, et maintenant parmi eux la guerre et la malveillance, — étaient cachées dans les ténèbres impénétrables ; à plus forte raison, la connaissance des causes qui peuvent seules faire naître la charité et l'amour universels, rendre l'homme sage, bon et heureux, et assurer la paix et la bienveillance parmi les hommes.

La seconde venue de la vérité est pour donner au genre humain cette connaissance toute importante.

La matière contenue dans le présent Livre et dans l'ouvrage intitulé : « Développement » constitue le plan et les détails du Système Rationnel, en principes et en pratique.

Ainsi, La seconde grande vérité annoncée au monde est celle-ci : Pour produire l'amélioration constante et le bonheur permanent de l'humanité, il faut une réorganisation de la société, suivant un système qui donnera a tous une éducation et des occupations rationnelles, et a l'homme une nouvelle existence, en l'entourant de circonstances supérieures. Voila le seul moyen de détruire les causes du mal, et d'assurer la création de tout ce qui est bon pour l'homme.

Imp. C. Courlet et comp., rue du Petit-Carreau, 32.

PRINCIPAUX OUVRAGES DE ROBERT OWEN.

New Views of Society. — Nouvelles vues sur la société, ou Essais sur la formation du caractère humain. 1812. . . . . 1 fr. 25 c.

Address to the Sovereigns. — Adresse aux Souverains à Aix-la-Chapelle et aux gouvernements européens. Traduit par M. le comte de Lasteyrie. Paris 1819.

The Book. — Le Livre du nouveau Monde moral. 1836-44. . 12 fr.

Abrégé et traduit par T. W. Thornton. Paris, 1837. . . . . . . 75 c.

Twelve Lectures. — Douze Lectures sur un nouvel état social. 1830. . . . . 4 fr.

Public discussion. — Discussion publique entre R. Owen et M. Roebuck à Manchester. 1837. . . . . 2 fr. 50 c.

Public discussion. — Discussion entre R. Owen et J. Brindley, à Bristol, en présence de plus de 5000 personnes. 1841. . . . . . 2 f

Development. — Développement des principes et plans pour établi des Colonies à l'intérieur. 1841. 2e édition in-8°. . . . . 5 f

Manifesto. — Manifeste de R. Owen, avec ses adresses aux gouvernements et souverains. 8e édition. , ... 1 fr. 50 c

Lectures on Rational System. — Sur le Système rationnel de R. Owen, pour répondre aux faussetés de l'Évêque d'Exeter et autres. 1841. . . . . 4 f.

Lectures on Marriage. — Lectures sur le Mariage. 1841. 1 fr. 50 c

Ces ouvrages se trouvent à Londres, à la Librairie socialiste de

Watson, Paternoster Row.

Dale Owen. — Esquisse du système d'éducation suivi dans les écoles de New-Lanark. Traduit par M. Desfontaines. Paris. 18[illegible]

Macnab. — Examen impartial des nouvelles vues de M. R. Owen. Traduit par M. Laffon. Paris, 1821.

Rey, Joseph (Conseiller à la Cour Royale de Grenoble). Lettres sur le système de la coopération mutuelle et de la communauté, d'après le plan de R. Owen. Paris, 1828.

Imp. C. Courlet et comp., rue du Petit-Carreau, 32.

www.ingramcontent.com/pod-product-compliance
Ingram Content Group UK Ltd.
Pitfield, Milton Keynes, MK11 3LW, UK
UKHW020208200726
13856UKWH00004B/1266